Nel Cuore della Juve

Via Milano 73/75 – 20010 Cornaredo (MI)
Tel. 02 99762433 – Fax 02 99762445
e-mail: info@ilcastelloeditore.it
www.ilcastelloeditore.it

Direzione generale: Luca Belloni
Direzione editoriale: Viviana Reverso

Stampato da Multistampa srl, San Giuliano M.se (MI)

SOMMARIO

PREFAZIONE

Il ricordo non è mai sbiadito. 16 Aprile 1972. Ero un bambino di nemmeno nove anni e davanti a me per la prima volta quelle maglie a strisce non erano solo bianconere ma stupendamente colorate. La Juve fino a quel giorno era fatta di immagini in bianco e nero, quelle della tv di allora, ma soprattutto era il mondo dei sogni quasi che avesse una dimensione soprannaturale. Ero un bambino di Cremona e tanti miei amici tifavano Milan, Inter, il mio migliore di allora addirittura Fiorentina. Ma di gobbi, anzi di "gobbetti", ce n'erano tanti e quando i miei vicini di casa, juventini sfegatati, ottennero dai miei genitori il permesso di portarmi a vedere la Juve non ci dormii la notte. Avevo il mio idolo e si chiamava Pietro Anastasi. Quel giorno mi regalò il gol del pareggio perché la Juve perdeva uno a zero e soprattutto quel giorno fu superata in classifica dall'Inter. Beh non me ne importava nulla... li avevo visti, avevo assorbito i colori, la mia Juve prendeva ufficialmente il posto di quella di Boniperti, Charles, Sivori e tanti altri che avevo conosciuto attraverso il racconto di mio padre ed è superfluo dire chi ha influenzato la mia scelta. Poi la Juve di quel giorno, sorpassata dall'Inter, vinse il suo quattordicesimo scudetto.....e capii che quella era l'abitudine, che cioè il rito del festeggiamento si sarebbe ripetuto per tante altre volte... diciamo almeno altre sedici e mai avrei immaginato che un giorno la vita mi avrebbe offerto l'assist per poter raccontare dal vivo gli ultimi otto. La Juve è stile, la Juve è passione, la Juve è sentirsi privilegiati per la scelta di cuore, la Juve è rabbia, orgoglio, storia che ha sempre saputo difendersi e ripartire scrollandosi di dosso il fango dell'illazione, del sospetto e forse tutto sommato dell'invidia. La Juve è tredici milioni di anime rinnovate di generazione in generazione che arriveranno fino alla fine del mondo. La Juve è gente forte, sicura del fatto suo perché grazie alla Juve ha vinto e può con fierezza raccontare, come attraverso questo volume, cosa significhi sentirsi addosso responsabilità, pressione, obblighi, doveri e quanto al tempo stesso sia straordinariamente bello e gratificante portare a termine il proprio compito, quello di vincere con quella maglia, quei colori tanto semplici nella loro concezione ma tanto capaci di brillare nel loro passato, nel loro presente, nel loro futuro.

Gianni Balzarini
(Giornalista Mediaset)

LETTERA APERTA AGLI IMBATTIBILI

Capita nella vita di passare da momenti di pura gloria a momenti nei quali in un istante crolla tutto l'impero che hai creato con fatica, passione e dedizione. Questo è capitato anche a me, una Vecchia Signora, elegante, con stile, vincente, che è stata deturpata con violenza in un anno orribile, il 2006, in cui i colori bianconeri - da sempre miei compagni di vita - sono diventati opachi, spenti. Poi però, il destino, e non solo, dopo sei anni, ha deciso che era arrivato il momento di tornare a regnare, di tornare a dimostrare che le accuse a volte servono a fortificarti e renderti invincibile o meglio IMBATTIBILE. Devo dire che ce n'è voluto di tempo per riprendermi quello che con molta fretta e poca chiarezza mi è stato tolto. Sei anni sono tanti, difficili da gestire e da vivere, soprattutto quando non puoi agire, ma solo guardare gli altri vincere. In 114 anni di vita ho anche capito che posso sempre contare su un elemento imprescindibile di cui mi nutro, che mi ha sempre sostenuta sia durante le notti della Champions League sia nei pomeriggi di sabato nelle province d'Italia, dove c'è profumo di festa, dove il calcio è soprattutto un gioco, questo elemento è l'affetto dei tifosi. Loro sono il mio ossigeno, sono il fattore che giorno dopo giorno mi alimenta. So che se dovessi cadere un'altra volta, loro saranno lì, pronti ad aiutarmi e a riservarmi le cure necessarie, proprio come si fa quando una persona sta poco bene. Non è stato facile essere la Juventus in questi ultimi anni, poiché tutti mi guardavano con disprezzo e mi consideravano l'esempio del disonore, ma alla fine ho capito che tutto questo mi ha resa- se mai ce ne fosse stato bisogno- ancora più fiera e orgogliosa per ciò che ho fatto nella mia lunga storia fatta di battaglie vinte sul campo. Ma torniamo a noi, ad oggi, all'ennesima pagina che abbiamo scritto insieme durante questo lungo anno contornato da emozioni particolari ed uniche. La prima per esempio, l'8 Settembre 2011, quando è stato inaugurato lo Juventus Stadium, questa casa così grande, così bella e già così piena di istanti e ricordi fantastici. Ve la ricordate quella sera? Eravamo in tanti, tantissimi, sembravamo anzi, lo eravamo davvero, un gruppo di fratelli uniti dal bianco e dal nero, ognuno con la sua storia, la sua vita, tutti insieme intenti ad assaporare solamente la nostra favola. In quelle ore trascorse insieme abbiamo rivisto la storia della mia vita, abbiamo riso, abbiamo pianto, abbiamo celebrato tutti i campioni del passato e del presente, abbiamo anche salutato i miei due uomini che ormai sono lassù, Gianni e Umberto Agnelli, i miei 39 figli dell'Heysel e i miei due angeli Riky ed Alex. Poi l'inno, il discorso da pelle d'oca delle mie due bandiere Boniperti e Del Piero e infine i fuochi d'artificio, il tutto con il sottofondo di una nota canzone, "Il più grande spettacolo dopo il Big Bang": sì, sono sicura che non è stata scelta a caso perché siamo proprio noi il più grande spettacolo dopo il Big Bang, che emozione! Poi via subito con il campionato, la vera prova del nove. Da quel momento in avanti sono arrivate altre gioie, che forse per merito del destino, forse del caso, o forse semplicemente della bravura e della voglia di far comparire il mio nome al primo posto come sei anni fa, mi sono state date da un uomo che per anni è stato il mio condottiero in campo, Antonio Conte, ora capitano-allenatore, il quale ha riportato me e la mia immagine alla conquista del trentesimo scudetto. Già ragazzi, ho raggiunto la terza stella, così da poter splendere ancora di più nell'olimpo del calcio. Ricordo che il mio Gianni Agnelli diceva sempre: "La vera lotta tra noi e le milanesi? Chi arriverà prima a raggiungere una stella, loro la seconda e noi la terza". Ebbene, adesso posso dire con orgoglio e determinazione che la missione è stata compiuta! Ora ne ho tre sul petto, ed è bellissimo essere la squadra che ha vinto di più in Italia, è un orgoglio e un privilegio! Conte e i miei ragazzi sono stati bravissimi, attenti, uniti, da inizio campionato fino alla partita contro il Cagliari a Trieste, la partita della rinascita. I miei attuali giocatori hanno portato con orgoglio la mia maglia, hanno reso il bianco e il nero ancora più lucenti e temibili per gli avversari. Sono stati capaci di risvegliare il DNA vincente che ho sempre avuto, si sono avvolti con la mia bandiera in un unico abbraccio e hanno vinto, anzi abbiamo vinto insieme. Abbiamo alzato quella coppa così in alto tanto da arrivare quasi a toccare il cielo, lì allo Juventus Stadium dove sono rinata, dove ho ritrovato il sorriso e la mia vera natura: la vittoria. Abbiamo festeggiato per le strade di Torino, di Milano, di Roma, di tutte le città d'Italia, perché i miei tifosi sono tantissimi e mi amano in ogni angolo di questa nostra terra, anche nel più recondito. Quanto mi piace vederli così felici, così contenti tanto da urlare, piangere e gioire per le piazze! Abbiamo urlato a squarciagola che "I campioni dell'Italia siamo noi" si, finalmente, lo siamo! Il merito di questa vittoria è di tutti, ma in particolare di Gianluigi Buffon, Alexander Manninger, Marco Storari, Andrea Barzagli, Leonardo Bonucci, Giorgio Chiellini, Paolo De Ceglie, Stephan Lichsteiner, Martin Caceres, Andrea Pirlo, Arturo Vidal, Claudio Marchisio, Simone Padoin, Emanuele Giaccherini, Luca Marrone, Mirko Vucinic, Simone Pepe, Fabio Quagliarella, Eljero Elia, Marcelo Estigarribia, Milos Krasic, Alessandro Matri, Marco Borriello, e i miei due capitani, Alessandro Del Piero e Antonio Conte. Grazie Ragazzi, per l'amore che mi avete dato quest'anno, per la stima e la riconoscenza. Quando durante questo 2011-12 siete scesi in campo lo avete fatto con orgoglio e con determinazione, la stessa che avevano Platini, Zidane, Boniperti, Scirea. Non so se ritorneremo la squadra più forte del mondo come lo siamo stati per molti anni tanto tempo fa, certo è che per me siete e sarete i migliori, sono davvero orgogliosa di voi, del modo in cui vi comportate, di come giocate sul quel prato verde, dell'unione che avete tra di voi e della grande famiglia che siamo diventati: io, voi e i nostri tifosi. Sono ritornata a splendere, a fare invidia al mondo intero e se sono ridiventata grande è grazie a tutti voi. Ora però non fermiamoci, non adesso, c'è ancora tanto da gioire, in Italia e all'estero, continuiamo a vivere questo sogno, continuate tutti a viverlo insieme a me.

Dal 1897, con amore,
La Vostra Juventus.

INTRODUZIONE

Nel cuore della Juve è un libro nato per cercare di raccontarvi il dietro le quinte della squadra bianconera, quella parte viva e vitale proprio come il cuore stesso (come ricorda il titolo).
Per narrarvi questa storia abbiamo deciso di farlo in maniera del tutto originale attraverso gli occhi e la voce dei protagonisti dentro e fuori dal campo.
Tanti sono stati i libri e i documentari sulla Vecchia Signora e ormai tutti, tifosi juventini in particolare e non, conoscono ogni minimo dettaglio riguardo la storia della squadra bianconera, ma, grazie a queste pagine, si potranno percepire gli umori, i pensieri e i sentimenti di uomini-campioni che hanno contribuito a scriverla.
Veri e propri ricordi, retroscena e curiosità raccontati delle stelle bianconere, dal loro arrivo nella società alle prime vittorie, passando anche attraverso momenti difficili, i quali hanno segnato profondamente la storia della Juventus, insomma, emozioni forti che non sempre a parole è facile esprimere, ma che questo libro vuole provare a fare.
Numerose sono state le domande poste nel nostro libro-intervista a vecchie e nuove glorie, non solo per cercare di "spiare" il "dietro le quinte" della Juve, ma anche per provare ad analizzare i successi ottenuti individualmente o con la propria Nazionale, facendo particolare riferimento al lato umano e meno conosciuto degli stessi calciatori, quello lontano dal campo da calcio, cercando soprattutto di comprendere le loro emozioni personali riguardo la vita di ogni giorno.
Atleti dunque, ma prima ancora uomini con un sogno nel cassetto fin da bambini, come tutti, e una squadra del cuore da tifare e in cui arrivare a giocare, passo che molti sono riusciti a fare grazie a speranza, sudore e sacrificio. In alcuni casi addirittura, la maglia tanto desiderata era proprio quella bianconera.
Che cosa ha rappresentato per i giocatori la Juventus? Che cosa c'è dietro il lavoro maniacale e quotidiano degli allenatori? E chi, meglio degli stessi calciatori, i quali hanno versato sangue e sudore su quel campo, ci può raccontare il significato nell'indossare la maglia bianconera? Quali sono state le vittorie più belle ed emozionanti? Sono queste alcune delle domande e risposte che troverete all'interno del libro.
Un vero e proprio viaggio, dunque, nel mondo juventino dal 1969 ad oggi, grazie a racconti diretti degli stessi protagonisti, come ad

esempio le partite descritte dalla visuale della porta dall'intramontabile Dino Zoff, gli elogi toccanti nei confronti di Boniperti e Agnelli da parte del pallone d'oro Pablito Rossi, e ancora, le parate più importanti e quelle più difficili di Stefano Tacconi, il cammino della Juventus più vincente di tutti i tempi raccontato da chi l'ha plasmata e resa imbattibile, cioè Marcello Lippi, le impressioni e la grinta del grande capitano e ora allenatore della Juventus, Antonio Conte, fino ad arrivare alle storie degli ultimi arrivati, Pepe, Marchisio, Matri e Chiellini. Inoltre, nel libro ci sono i ricordi e i racconti di colui che abbiamo definito "gli occhi di tutti gli juventini", ossia il fotografo ufficiale della Juventus, Salvatore Giglio, il quale ci ha regalato scatti che hanno segnato la storia bianconera. Senza dimenticare i racconti di alcuni tifosi "speciali".

Un mix tra passato, presente e futuro, un viaggio nel cuore della squadra che ha sempre avuto la vittoria nel suo DNA, con soli due colori a fare da cornice a tutto questo, il bianco e il nero.

Questo libro nasce da una bella collaborazione e desidera raccontare la Juventus attraverso gli occhi e le parole dei giocatori bianconeri, per invitare non solo i tifosi juventini, ma tutti gli amanti del calcio, a scoprire il volto umano della Vecchia Signora.

I nostri campioni sono pronti a condurvi nel "cuore della Juve".

Roberta Zambanchi e Diletta Sirna

PARTE I

I PROTAGONISTI

Nel cuore della Juve con

Vittorio Scantamburlo
&
Carlo Sabatini

Ci raccontano in esclusiva i primi passi di Alessandro Del Piero

Giornalista: "Ti ricordi il primo giorno da juventino? Boniperti ti aveva strappato al Padova, bruciando sul tempo il Milan."

Alessandro Del Piero: "C'è una dichiarazione di Salvatore Giglio, storico fotografo anche del Guerin Sportivo, che descrive bene la cosa: io che ripiego la maglia bianconera in maniera delicata e reverente una volta finito il servizio. Fu un gesto istintivo, piccolo, ma credo che spieghi tutto quello che per me significava quel giorno. Questo è il ricordo che mi piace di più".

Alessandro Del Piero

[Dall'intervista di Matteo Marani Direttore del Guerin Sportivo ad Alessandro Del Piero. (Febbraio 2011)]

Photo by Salvatore Giglio

Photo by archivio storico Padova Calcio

Signor Vittorio, possiamo dire che lei è stato la fortuna di Alessandro Del Piero: il 10 novembre 1987 setacciò il Veneto in cerca di giovani promesse, scegliendo proprio Alessandro…

Io sono stato fortunato a trovare un giocatore come Del Piero, davvero fortunato.

Si vedeva fin da subito che sarebbe diventato un campione?

Sì, e di lui m'impressionarono subito tre giocate. Secondo me bisognava e bisogna ancora girare il mondo per trovare un calciatore come lui. L'abilità, la ripresa motoria, la rapidità e il cambio di marcia. Unico nel suo genere.

Quanto la rende orgoglioso essere stato lo scopritore di uno dei più grandi talenti di sempre?

Sono molto orgoglioso di Alessandro. Calcisticamente parlando, è sicuramente la mia più grande soddisfazione.

A distanza di tanti anni rimane ancora qualche traccia di quel ragazzino che portò dalle giovanili del Padova? Vede l'Alessandro che ha conosciuto nel 1987?

È tale e quale a quando l'ho conosciuto per la prima volta, allora aveva 13 anni. Ci siamo visti poco tempo fa, non è cambiato e il suo carattere è sempre lo stesso. Lui è sempre rimasto il solito Alessandro.

Qual è la gioia più grande che Del Piero involontariamente o volontariamente le ha dato? Qual è il ricordo migliore che ha di lui?

Quando lo vidi, capii subito che sarebbe potuto diventare un grande giocatore. Non ho mai avuto nessun dubbio, anche se all'inizio Alessandro ha avuto qualche difficoltà nell'inserimento in squadra, tant'è che volevano mandarlo a casa, ma io ho insistito perché rimanesse in quanto ero convinto che sarebbe diventato un giocatore con la g maiuscola. Non lo dico adesso per quello che è diventato, ma l'ho sempre sostenuto. I ragazzi hanno bisogno di essere aiutati, il sostegno per loro è indispensabile. E lo dico dall'alto della mai esperienza quinquennale di allenatore delle giovanili. Bisogna sì allenarli, ma soprattutto è importante seminare nei giovani la tranquillità: possono allenarsi giorno e notte, ma se non hanno fiducia e serenità non cresceranno mai. Il ricordo migliore di Alessandro? Ne ho molti, e trovare il ricordo più bello che ho di lui mi diventa davvero difficile.

Secondo lei ci sarà in futuro un altro Vittorio Scantamburlo in grado di individuare tra le giovanili un altro Alessandro Del Piero? Insomma, lei vede eredi, calcisticamente parlando, di questo grande Campione?

Giocatori come Del Piero sono molto rari da trovare, lui fa parte di quei campioni fuori dagli schemi. Solo per fare un esempio, Alessandro prende l'iniziativa sull'uno contro uno, e ci sono pochi calciatori in grado di fare questo, pochi come lui. Io credo che un Campione debba crescere allo stato brado ed essere libero di esprimere sul campo la propria personalità perché la gente ama veder giocare bene a calcio. Tutti si devono divertire in una partita, dallo spettatore sino l'allenatore, ma soprattutto in prima persona il giocatore stesso.

Che rapporto ha con Alex?

Qualche volta ci sentiamo, ci vediamo, è un ragazzo speciale, eccezionale, sia come uomo sia come giocatore.

Photo by archivio storico Padova Calcio

Photo by archivio storico Padova Calcio

Signor Carlo, che tipo di persona era il giovane Del Piero fuori dai campi di calcio?

Era un ragazzo simpatico, educato ed ironico, estremamente serio nell'approcciare la sua attività e straordinariamente motivato nel voler fare il calciatore professionista.

Che cosa ha insegnato moralmente a Del Piero? E che cosa Del Piero ha insegnato a lei?

Alessandro aveva già un'educazione e dei valori positivi fuori dal comune che certamente gli sono stati trasmessi dalla sua famiglia. Io mi sono limitato a controllare che non disperdesse questo patrimonio in un contesto diverso da quello familiare, lontano da casa. Naturalmente le sue qualità calcistiche superiori alla media erano già note nell'ambiente e lui lo sapeva bene, per cui io ho sempre vigilato che non assumesse atteggiamenti e comportamenti sbagliati o arroganti, ma devo dire che non sono mai dovuto intervenire in questo senso. Serietà, applicazione e perseveranza nell'addestramento calcistico e più in generale in ogni attività, assunzione di responsabilità rispetto agli impegni assunti sono

i valori che continuamente cercavo di inculcare a tutti i ragazzi. Mi ha insegnato che si può essere maturi già a quindici anni e che il solo talento non basta per raggiungere grandi traguardi nello sport.

Se dovesse definire con un aggettivo Alessandro Del Piero, quale userebbe?

Inimitabile per la carriera che ha fatto, per la persona che è e per la feroce determinazione che ha dentro e che esprime senza eccessi.

Mancava la famiglia ad Alessandro?

Assolutamente sì, era molto evidente il forte legame con i genitori e il fratello, anche se lui era forte e autonomo caratterialmente per cui riusciva a sopperire alla loro lontananza non facendo trapelare alcuna debolezza. In effetti poi la famiglia figurava relativamente lontana perché comunque tutte le domeniche riuscivano a fargli una visita.

Lei ha seguito Alessandro dai 15 ai 18 anni, in tutto questo tempo ha sempre avuto il sogno di diventare un grande campione?

Quando prese possesso della sua camera in foresteria Alessandro appese al muro un grande poster di Platini con la maglia numero 10 della Juventus e io sono sicuro che ogni sera prima di addormentarsi lui ripeteva a se stesso che un giorno sarebbe diventato un grande giocatore come il francese e soprattutto, come lui, il numero 10 della Juve. Io sono testimone del sogno di un ragazzino diventato realtà.

Ci può raccontare un curioso aneddoto extracalcistico di Alessandro?

Nei momenti liberi da impegni calcistici e scolastici ci cimentavamo in interminabili sfide a tennis e ping pong nelle quali non cedeva di un millimetro e denotava una caparbietà sorprendente. Quando lo incontro gli ricordo ancora scherzosamente le lezioni che gli ho impartito quando ancora non era... un grande!

Che rapporto ha con Alessandro?

Ci siamo incontrati in alcune gare quando io ero nello staff tecnico dell'Udinese e lui mi ha sempre dimostrato stima e affetto. Inoltre ci ha recentemente fatto visita in ritiro prima di una gara di campionato, Torino - Padova, presentandosi con garbo e discrezione come solo lui sa fare.

Nel cuore della Juve con
Fabrizio Canobio

Amico di Alessandro Del Piero

Mi hanno chiesto di raccontare il mio amico Alessandro Del Piero, non il campione ma semplicemente Alex. L'ho conosciuto 19 anni fa appena arrivò alla Juventus tramite una conoscenza che avevo a Torino, pian piano ci siamo conosciuti ed è nata questa bella amicizia che ci accompagna da una ventina di anni. Gli sono stato accanto sempre e posso dire che fin da subito si è dimostrata una persona importante per me. Era un ragazzino di belle speranze quando è cominciato il nostro rapporto sicché devo ammettere che facevo fatica a vederlo in tv o sui giornali perché dovevo abituarmi al fatto che era il campione di tutti e non solo Alessandro. Non è stato difficile essere suo amico, ricordo diversi aneddoti, anche divertenti, come il giorno in cui eravamo in macchina, dovevamo andare a visitare il lago D'Orta. Ero con mia moglie, Alessandro, Sonia e i miei cognati. Strada facendo siamo passati davanti a un campetto dove c'erano alcuni ragazzi che giocavano a calcio, lui mi ha detto di fermare la macchina perché voleva giocare, si è "mascherato" con un cappellino e un paio di occhiali per non farsi riconoscere, ma dopo 10 minuti tutti hanno capito che era Del Piero. È rimasto un'ora a giocare, poi ha fatto alcune foto con la gente e siamo andati via. Questo per confermare quanto Alessandro ami il gioco del calcio, a prescindere da tutto. Dopo ogni partita scattava e scatta tuttora la telefonata, ci siamo sempre sentiti. Ci sono state partite in cui era rimasto deluso dal risultato e altre in cui lo sentivo felice, soprattutto dopo le grandi vittorie, come

Di spalle Alessandro Del Piero. A destra Paolo Montero Photo by Salvatore Giglio

la Champions League, l'Intercontinentale, senza dimenticare il Mondiale del 2006, grandi risultati sportivi e non solo. Se dovessi individuare un pregio o una caratteristica di Del Piero giocatore che mi piace di più, sicuramente direi il CAMPIONE che è in campo, giocatore corretto e umile, caratteristiche che ha anche fuori dal rettangolo verde. Alex è un'ottima persona, è sempre disponibile in qualsiasi momento, anche con i tifosi. Ho avuto modo di vedere tante manifestazioni d'affetto nei suoi confronti e lui ha sempre ricambiato, cosa non da tutti. Ricordo diversi momenti in cui insieme a lui mi sono trovato travolto dall'affetto

della gente: per esempio una domenica, stavo tornando a casa in Veneto, mentre ero in macchina squillò il telefono, era Alessandro, che mi avvertiva di essere dietro di me con la macchina e mi proponeva di prendere qualcosa all'autogrill. Siccome era molto affollato, gli ho detto: "Alessandro, guarda che non è il caso, ci sono i pullman dei tifosi" e lui :"No, ma vedrai che non mi riconosceranno". Sono passati 3 minuti, si sono radunate tantissime persone, abbiamo dovuto chiamare la polizia per uscire. Anche ultimamente quando sono andato a Vinovo, siamo stati fermi 40 minuti perché tutti i tifosi volevano salutarlo; questo per farvi capire l'amore che la gente ha per il suo Capitano. C'è stato un momento in cui ho visto Alessandro più debole, vicino a un crollo psicologico nel periodo più brutto della sua vita quando ha affrontato la malattia del padre. La stampa lo criticava per l'alterno rendimento in campo, ma lui non ha mai detto che era per quel motivo, che ovviamente lo condizionava. Un altro suo momento difficile è stato quando fu accusato di doping. È venuto a casa mia in quei giorni per stare un po'tranquillo e rifugiarsi dalle male lingue, ma una cosa però è certa, Alex ma non ha mai pensato di mollare. Del Piero ha vinto tutto sia con la Nazionale che con la Juventus. La semifinale di Italia - Germania credo sia la partita a cui è più legato: subentrato dalla panchina, ha chiuso negli ultimi minuti la partita segnando il 2 a 0; mentre per quanto concerne la Juve, credo sia più legato alle due finali della Champions e dell'Intercontinentale. Ha avuto il coraggio e la forza di scendere anche in serie B affrontando quel campionato serenamente e tranquillamente con la voglia matta di riportare la Juve nella massima serie. Nel suo ultimo libro, "Giochiamo Ancora", Alessandro afferma che è fondamentale fissare nella memoria collettiva un ricordo di lui che passi poi ai suoi figli e non solo; ecco io quel ricordo di Alex ce l'ho, è stata la prima volta che ci siamo conosciuti, eravamo negli spogliatoi, la Juve in quell'anno si allenava al Comunale, lui era con i suoi genitori: ho presente viva più che mai l'immagine di un ragazzo totalmente spaesato che non riusciva a capire bene dove si trovasse e cosa stesse per accadere. Un altro momento indelebile in cui mi sono lasciato andare alla commozione è stato quando Alessandro ha lasciato il campo dopo la sua ultima partita in bianconero. Era il 13 maggio, Juventus-Atalanta, ultima di campionato a Torino. Vederlo uscire dal rettangolo di gioco è stato molto emozionante perché in quel momento ho avuto la netta sensazione di essere in presenza della fine di un ciclo. Quando Alex ha fatto il giro del campo ho pianto insieme a tutta la gente che piangeva e lo applaudiva in un ultimo ideale abbraccio. Non riuscivo a rendermi conto di quello che stava succedendo, anche perché dentro di me nutrivo la segreta speranza di vederlo un altro anno con la Juventus, nonostante sapessi che questa sarebbe stata l'ultima stagione in bianconero. Non riesco proprio ad immaginarlo con un'altra maglia e penso che lui stesso sia un po'stordito, perché, avendo sempre indossato quell'unica casacca, avrà un futuro tutto da disegnare, quindi è normale che viva questo periodo in maniera strana e confusa.
Cos'altro dire... posso svelarvi alcune curiosità su Alessandro, come la sua enorme passione

per i gatti, di cui possiede alcuni esemplari persiani molto belli. Ha poi altri interessi per le auto e per il golf. È un padre premuroso, bravissimo. Alex è legatissimo alla sua famiglia e in particolare al fratello Stefano, più grande di lui, da sempre suo punto di riferimento. Da parte mia posso dire che è un onore essere amico di Alessandro Del Piero, perché significa anche essere parte di una buona fetta della storia della Juventus. L'unica cosa che mi sento di fare oggi è ringraziare Alessandro per avermi concesso questi 19 anni di grande amicizia.

Photo by Fabrizio Canobio

Fabrizio Canobio e Alessandro Del Piero

Nel cuore della Juve con

Dino Zoff

"Un'emozione particolare è stata la vittoria della Coppa Uefa nel 1976/77, perché fu il primo trofeo internazionale vinto dalla Juventus"

Dino Zoff

Dino Zoff, un campione in campo e fuori, grazie al comportamento sempre controllato, pacato e alla sua correttezza.
Alto 1.82 cm, da ragazzino venne considerato troppo gracile per poter fare il portiere, ma con il passare degli anni, invece, divenne il calciatore italiano maggiormente riconosciuto e apprezzato a livello internazionale in quel ruolo.
Con la Juventus disputò 303 gare ufficiali, vincendo 6 scudetti, 1 Coppa Italia e 1 Coppa Uefa.
È arrivato tardi ad essere il vero Dino con la D maiuscola, ma nonostante questo ha vinto praticamente tutto, riuscendo addirittura ad alzare all'età di 40 anni la Coppa del mondo con la Nazionale Italiana.
Modello in campo e non solo, perché il leggendario Dino lo è sempre stato anche nella vita, introverso, invisibile, taciturno, un atleta esemplare mai squalificato o espulso, un vero esempio per tutti.
Ancora oggi, Dino Zoff ricorda con particolare piacere le vittorie più emozionanti da giocatore e successivamente da allenatore della Vecchia Signora.
Insomma, Super Dino, un super campione, dallo stile senza tempo.
Entriamo dunque, nel cuore della Juve con Dino Zoff...

Photo by Salvatore Giglio

Alla Juve ha vinto tanto, qual è stata la vittoria più significativa per lei?

La vittoria più significativa è stata probabilmente o quasi certamente la Coppa Uefa del 1976/77 perché è stata la prima coppa internazionale in assoluto vinta dalla Juventus, per cui fu un'emozione particolare, un traguardo importante in quel periodo.

Come era l'ambiente Juve nei lunghi anni della sua carriera? Che cosa ricorda maggiormente di Giovanni Agnelli?

L'ambiente era certamente concreto e pragmatico perché se arrivavi secondo avevi perso il campionato e non importava l'aver raggiunto un'alta posizione in classifica. L'avvocato era straordinario perché parlava di calcio sempre in maniera competente, voleva saper tutto e sapeva tutto, s'informava di ogni cosa. Io, che arrivavo dal Napoli e avevo giocato 19 partite in Nazionale affrontando tanti avversari europei, parlavo con lui che mi chiedeva spesso notizie in particolare sugli attaccanti internazionali. Parlare di calcio con lui era come parlare di calcio al bar con qualsiasi tifoso.

Lei è stato molto amico di un simbolo della Juventus come Gaetano Scirea, che cosa ricorda maggiormente di lui?

Gaetano Scirea era una persona fuori dal comune perché oltre ad essere un grande giocatore con una classe immensa rappresentava lo stile puro in campo e soprattutto nella vita con un comportamento e una serenità unica che ne facevano una persona squisita.

Lei ha guidato la Juventus anche dalla panchina, portando nella bacheca bianconera una Coppa Italia e una Coppa Uefa. Qual è stato il ricordo più bello durante gli anni da allenatore bianconero?

Gli anni più belli sono stati senza dubbio il 1989/90 quando vincemmo la Coppa Uefa in finale con la Fiorentina e soprattutto la Coppa Italia, sempre nel 1989/90, vinta in casa del Milan, che in quegli anni era il grande Milan, una squadra megagalattica, insomma questi sono i ricordi più intensi per me.

La Nazionale. Nel 1982 ha vinto la coppa del mondo. Quali furono le ragioni di quel successo? Bearzot? Un gruppo eccezionale?

Sicuramente le ragioni del successo sono da ricercare sia nella forza del gruppo che dell'allenatore, ma la cosa più importante credo sia stato il carisma di Bearzot che era un condottiero vero, uno che stava sempre in prima linea. Ci tenne uniti e compatti anche nei momenti critici del primo turno e diede fiducia a chi lo meritava, quindi per me l'artefice è stato certamente lui.

Dino Zoff, a trent'anni, età nella quale molti calciatori sarebbero stati pronti a smettere, lei ha iniziato la parte più bella e gloriosa della sua carriera. Quanta energia sentiva dentro a quell'epoca? Che cosa l'ha spinta a continuare per così tanto tempo a giocare?

Photo by Salvatore Giglio

L'energia che sentivo dentro era sicuramente tanta. Ho giocato così a lungo perché ho avuto la fortuna di avere un fisico buono che ha retto egregiamente nel tempo. Un'altra fortuna è stata certamente quella di non aver avuto incidenti. E poi la grande voglia di giocare sempre.

Cosa si prova a stare per 90 minuti in porta?

Sicuramente una forte emozione. Voleva dire esserci sempre, per i compagni e per la squadra in generale. Io ho disputato 304 partite consecutive alla Juventus da portiere titolare, quindi ciò non può che rendermi orgoglioso.

Nel 2004 Pelè ha incluso il suo nome nell'elenco dei 125 migliori giocatori viventi. Che effetto le ha fatto vedere il suo nome in quella lista?

Io sono uno dei giocatori italiani presenti nella famiglia della Fifa, in campo internazionale sono sempre stato quotatissimo e questo non può che farmi piacere.

Nel cuore della Juve con
Paolo Rossi

"La Juventus ha segnato profondamente la mia crescita di atleta e di uomo"

Paolo Rossi

È il 1982, la Juventus vince il suo ventesimo scudetto e l'Italia conquista la Coppa del Mondo in Spagna contro la Germania.

Paolo Rossi è capocannoniere del mondiale, miglior giocatore di Spagna '82, vince la Scarpa d'Oro e il Pallone d'Oro.

Il 1982 è il suo anno in tutti i sensi, come ci racconta lo stesso "Pablito".

Rossi, dopo essere cresciuto nelle giovanili della Juventus, abbandona per sei stagioni la Vecchia Signora per poi ritornarvi nel 1981 e rimanervi fino al 1985.

Alla Juventus "Pablito" collezionò 138 presenze e 44 gol (di cui 11 in Coppa dei Campioni in 18 gare giocate).

Paolo Rossi cambiò molte squadre durante la sua carriera, ma l'esperienza Juventina gli rimarrà sempre nel cuore.

Entriamo dunque, nel cuore della Juve con Paolo Rossi…

Photo by Salvatore Giglio

Photo by Salvatore Giglio

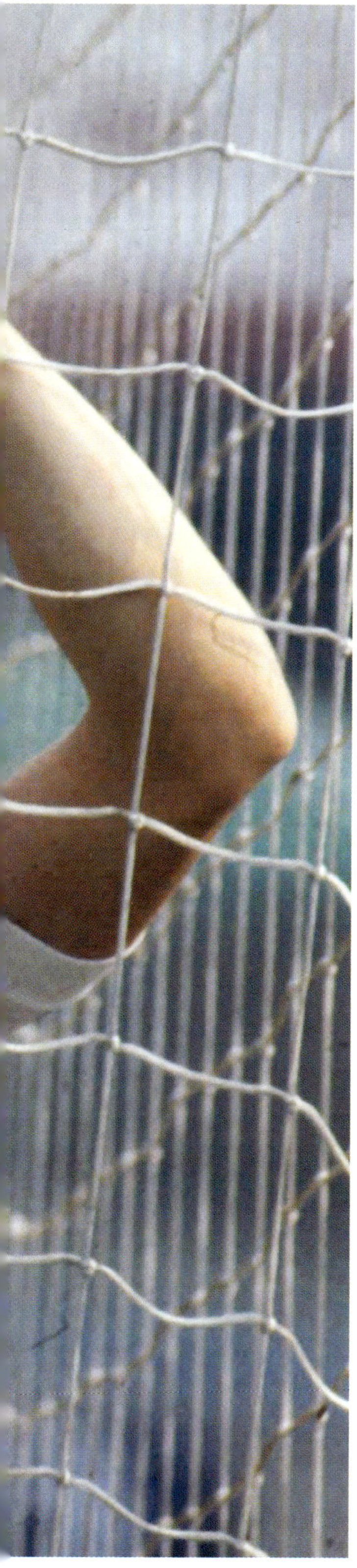

Lei è cresciuto nella giovanili della Juventus, può dirci qualcosa della sua esperienza di allora? Qual'era l'ambiente umano? Come lo ricorda e cosa si diceva di un mostro sacro come Giovanni Agnelli?

Sono arrivato nelle giovanili della Juventus nell'agosto del 1972, avrei compiuto 16 anni un mese dopo. È stato uno dei periodi più belli ma anche tra i più travagliati della mia vita. L'impatto con la grande società è stato fantastico. A Villar Perosa, dove noi ragazzi risiedevamo, avevamo la possibilità di vedere e giocare con i grandi campioni dell'epoca durante il periodo della preparazione. Zoff, Furino, Anastasi, Capello, Haller, Morini, solo per citarne alcuni. Nei miei 3 anni di giovanili purtroppo ho dovuto sostenere ben 3 operazioni al ginocchio, perché 3 volte il menisco mi è saltato durante epiche battaglie contro i cugini del Toro. Ma, infortuni a parte, la Juventus ha segnato profondamente la mia crescita di atleta e di uomo. Il mio è un ricordo fantastico, positivo e di grande affetto. Alla Juventus ho imparato la disciplina, a soffrire, a sacrificarmi, ho capito fin da subito che per arrivare sarebbe stato necessario fare il professionista fino in fondo. Giovanni Agnelli era la Juventus personificata, il bianco e il nero erano cuciti sulla sua pelle. Un personaggio di grandissimo carisma e di grande fascino. Unico e inimitabile. Un amante del bel calcio, appassionato di sport, grande intenditore di calcio, un uomo molto raffinato che conosceva alla perfezione tutti i giocatori. Amava telefonare spesso ai suoi calciatori e farsi raccontare tutto, gli piaceva sentire le sensazioni e tutto quello che provavano sul campo.

Nel campionato del mondo 1978 in Argentina, la Nazionale Italiana ha ricevuto un riscontro e un apprezzamento strepitosi anche se piazzata al quarto posto. C'era la Juventus in Nazionale: Gentile, Cabrini, Scirea, Tardelli, Bettega ... Cosa c'era di grande in quella squadra con Pablito 22enne?

La nazionale Italiana in Argentina '78 era formata per 8/11 da giocatori juventini, in aggiunta c'erano Antognoni, Bellugi e Paolo Rossi. Non c'è dubbio che il gioco espresso dalla nazionale in Argentina sia stato di grandissima qualità. Con un po'più di buona sorte avremmo potuto ottenere un grande risultato che era alla nostra portata, forse c'è mancata un po'di convinzione. Il successo di quella squadra era dato semplicemente dal fatto che era piena di grandi campioni con la c maiuscola, giocatori con grande carattere, temperamento, spirito di squadra e sempre affamati di vittorie. È stata una generazione di grandi calciatori.

Nel 1981 viene acquistato dalla Juventus: quanto è stata importante questa squadra per la sua rinascita calcistica? Ha un ricordo particolare del presidente Boniperti?

Sono ritornato finalmente alla Juventus nel 1981 e, in quel campionato, mi sono state sufficienti 3 partite per vincere il mio primo scudetto, un piccolo contributo per un grande risultato. La Juventus è stata fondamentale per la mia rinascita: per un anno intero, e sotto l'occhio vigile di Trapattoni, mi sono allenato con grande abnegazione prima di poter scendere in campo. Boniperti, l'allora presidente juventino, mi rivolle indietro a tutti i costi. Si era interrotto un rapporto per alcuni anni, ma erano maturi i tempi per il ritorno del figliol prodigo. Boniperti è stato un presidente padre - padrone, dotato di grande intuito e furbizia, non lasciava niente al caso, sapeva sempre tutto di tutti, sempre attento a tutte le vicende che vedevano coinvolti i suoi giocatori. È proprio il caso di dire che con lui i panni sporchi si lavavano in famiglia. Non amava la pubblicità, non amava finire sui giornali, i problemi si risolvevano sempre in casa senza alzare mai tanta polvere. Quello che però più trasmetteva a tutto l'ambiente era quella sua voglia di vincere sempre e comunque. Non a caso è stato il presidente più vincente di tutta la storia juventina. Con lui ho avuto un rapporto di amore - odio, ci siamo scontrati, ci siamo misurati, ma poi alla fine ci siamo anche amati. Un mito, in tutti i sensi.

È il 1982: ci dica un suo pensiero su quella squadra campione del mondo e qualche aneddoto o ricordo circa la mitica notte dell'11 Luglio, la finale.

Il 1982 è stato il mio anno in tutti i sensi. In due mesi ho vinto il campionato con la Juventus, la Coppa del Mondo con la Nazionale, capocannoniere del mondiale, miglior giocatore di Spagna '82, Scarpa d'Oro. Quello che mi avevano tolto 2 anni prima con la nota vicenda del calcioscommesse mi è stato restituito tutto insieme con gli interessi. Racchiudere in poche parole un mondiale stratosferico come quello di Spagna '82 non è possibile, un guazzabuglio di sensazioni straordinarie in soli 40 giorni. Quando hai toccato l'apice del mondo ti senti indistruttibile, irraggiungibile, ti sembra di volare. Vincere un mondiale è già sensazionale, ma vincere nel modo in cui abbiamo vinto noi è qualcosa di inspiegabile e forse è stato proprio il nostro cammino tortuoso a consacrare quel mondiale nel mito.

Una frase su Bearzot e su quell'avventura spagnola...

Enzo Bearzot è stato il più grande allenatore che l'Italia abbia mai avuto. Un uomo di grande cultura, profondo conoscitore del calcio internazionale, sapeva fare il selezionatore-allenatore come nessun altro. Per tutti noi è stato come un padre, con una mano ti dava e con l'altra ti toglieva. Uomo di grande rigore morale, duro, ma allo stesso tempo dolce e affettuoso. Per me è stato fondamentale, senza di lui non avrei mai potuto essere quello che sono oggi. Amava il gruppo e non il singolo e per questo era riuscito a creare un ambiente straordinario dove tutti si battevano per tutti e mai per se stessi.

Pallone d'Oro: cosa si prova ad essere uno dei pochi italiani ad averlo vinto?

Il Pallone d'Oro è il più grande riconoscimento per un calciatore. Io l'ho vinto nell'82, anno di grazia, quando sono stato consacrato miglior giocatore dell'anno. Sono naturalmente fiero di essere fra i quattro italiani ad averlo in bacheca. Se si ha la voglia di perdere 5 minuti nel rileggere l'albo di questo trofeo, ci si accorge immediatamente che c'è il gotha mondiale del calcio di tutti i tempi.

Lei ha avuto come allenatore Giovanni Trapattoni, un grande tecnico che ha scritto per dieci anni la storia della Juventus. Cosa ricorda maggiormente di lui? Qualche aneddoto nel suo modo di allenatore o stare con la squadra?

Giovanni Trapattoni è stato ed è ancora uno dei più grandi allenatori di sempre. La sua principale caratteristica risiede nel suo forte carattere e nella dedizione al lavoro. Dai suoi giocatori sa sempre come tirar fuori il meglio. I suoi modi non sono certamente morbidi e rassicuranti, tutt'altro, perché lui è convinto che spronare nel profondo dell'animo i propri calciatori sia sempre il metodo migliore per ottenere i risultati. È bravissimo nella lettura delle partite e nei cambi in corsa. Un allenatore che ha saputo vincere molto e resistere così a lungo ai tempi e alle mode va considerato come uno fra i più grandi degli ultimi 30 anni.

Che cosa cova dentro un campione quando si accorge che deve rientrare nei ranghi della vita?

La carriera di un calciatore è da considerarsi come il latte a lunga conservazione, ha una scadenza. La differenza è che sul calciatore non c'è scritta la data del ritiro. Solitamente sono sempre gli altri a decidere per te quando fermarti, pochi hanno avuto il coraggio di accorgersi e di ritirarsi in tempo prima di lasciare di sè un cattivo o sbiadito ricordo. È difficile descrivere a parole quello che uno prova quando lascia. Per una vita intera non hai fatto altro che tirare calci a un pallone, dal giorno dopo cala il sipario, si spengono le luci della ribalta, finisce un sogno che hai assecondato fin da quando eri bambino. E poi non senti più il profumo dell'erba, lo spogliatoio, il sapore delle vittorie, le emozioni che hanno scosso la tua vita fino al giorno prima. Facile non è, ma devi avere la forza di girare in fretta pagina e pensare che la tua vita, una nuova vita appunto, inizia proprio quando termini di giocare a pallone. Se ci si riesce a preparare prima e pensare che al di là del calcio c'è un altro mondo fatto di famiglia, affetti, amici, lavoro e tante altre soddisfazioni meravigliose, allora sarà un po' più semplice e meno doloroso il distacco.

La sua può essere considerata una carriera da brivido in cui ha vissuto momenti negativi e tanti altri molto positivi. Rimpiange qualcosa o è soddisfatto di tutto quello che ha fatto? Il calcio per lei cos'è stato?

Nella mia carriera non ho assolutamente nessun rimpianto, rifarei tutto quello che ho fatto. Certo, con maggior esperienza, oggi potrei evitare qualche tranello, vivere tutto con più serenità, ma rifarei le stesse cose e le stesse scelte. Nella vita solo chi non fa niente non sbaglia e poi è costruttivo anche perdere ogni tanto, perché solo perdendo qualche battaglia si riescono poi ad assaporare meglio le vittorie.

Il calcio di oggi: cosa ne pensa del gioco moderno? Il modo di approccio alle partite, gli allenamenti, i ritiri: trova più affinità o differenze rispetto al passato?

Il calcio di oggi rispetto a quello dei miei tempi è cambiato notevolmente. I media e le tv in particolar modo hanno incrementato gli interessi che ruotano attorno al mondo del calcio. Più professionalità fra gli addetti ai lavori, ma anche più denari e più investimenti. L'esempio più significativo arriva proprio dalla Juventus che ha fatto da apripista con il primo stadio di proprietà in Italia, un gioiello, un punto di riferimento per tutte le altre società desiderose di mettersi in proprio. Quello che ricordo invece con un pizzico di nostalgia e che oggi non ritrovo è che all'epoca nostra c'era più rapporto umano, noi stavamo insieme e vicino alla gente, ai tifosi, alla stampa, e poi c'era un po'più di poesia, tutto veniva vissuto con meno interessi economici.

Nel cuore della Juve con
Michele Padovano

"Il ricordo che ho della Juventus è certamente meraviglioso. Vincere una competizione importante come la Champions League con questa squadra è stata una delle emozioni più belle della mia vita"

Michele Padovano

63 presenze, 18 gol, 2 scudetti, 1 Champions League, 1 Supercoppa Europea, ed 1 Supercoppa Italiana, sono questi i numeri di Michele Padovano alla Juventus.

Certo, numeri che non rendono giustizia al campione che è stato, un campione sfortunato a causa del grave infortunio rimediato negli anni da professionista in bianconero.

Nonostante questo però, i ricordi belli nella carriera da calciatore per Michele sono tanti, a cominciare proprio dalla Champions League vinta nel 1996 con la Juventus. Padovano realizzò uno dei rigori che permisero alla Vecchia Signora di aggiungere un altro prezioso trofeo alla sua bacheca.

L'anno dopo, nel 1997, Michele se ne andò per sempre dalla Juve, ma di questa squadra porterà nel cuore un ricordo meraviglioso.

Entriamo dunque, nel cuore della Juve con Michele Padovano...

Photo by Salvatore Giglio

Photo by Salvatore Giglio

Nel corso della sua carriera è stato in molte squadre, ma che ricordo ha in particolare della Juventus?

Il ricordo che ho della Juventus è ovviamente meraviglioso e non potrebbe essere altrimenti visto che ho vinto molto con questa squadra. Giocare nella Juve mi ha permesso di farmi conoscere in tutto il mondo, quindi ho un ricordo sicuramente bellissimo.

Con la Juventus, tra le altre cose, ha vinto una Champions League, nel 1996. Che cosa ha provato quella sera?

Vincere la Champions credo che sia stata una delle emozioni più belle che abbia mai vissuto nella mia vita. Ricordi particolari di quella sera non ne ho, ma posso dire che per noi in quel periodo, non dico che fosse scontato vincere, ma quasi. Eravamo talmente abituati a farlo, da ritenerlo anche abbastanza normale.

Nel periodo in cui ha giocato alla Juventus, Antonio Conte era il suo capitano, ora è l'allenatore della Juventus. Com'era come capitano e come uomo?

Antonio Conte è davvero una persona seria ed è uno

dei pochi con cui ho continuato e continuo a sentirmi ancora oggi. È stato sicuramente un grande giocatore e ora credo sia anche un grande allenatore, come sta dimostrando. Penso sia la persona giusta per riportare la Juventus dove merita di stare.

A proposito di allenatori, che ricordo ha di Marcello Lippi?

Con Marcello Lippi credo di essere migliorato molto sotto il profilo professionale. Era molto meticoloso, attento e preciso negli allenamenti e faceva capire molto chiaramente cosa voleva sul campo.
Non posso quindi che avere un ricordo positivo.

Pensa che il suo grande infortunio rimediato mentre era alla Juventus abbia inciso parecchio nella sua carriera?

Credo che l'infortunio subito in nazionale mi abbia frenato molto e probabilmente fu anche il motivo che mi ha portato a lasciare la Juve. Doveva andare così, ma credo che, se non mi fossi fatto male, probabilmente la mia carriera sarebbe andata diversamente.

Nel cuore della Juve con
Stefano Tacconi

"Difendere la porta bianconera ha avuto per me un grande significato, perché è sempre stato il mio sogno fin da bambino"

Stefano Tacconi

È il 1983 quando la Juventus acquista dall'Avellino un giovane portiere, Stefano Tacconi, il quale da promessa diventerà uno dei pilastri fondamentali della storia bianconera, vincendo tutte le maggiori competizioni internazionali.
Potenza, forza e voglia di vincere, queste le caratteristiche più importanti di un uomo che ha contribuito a far grande la Juventus.
Con la Vecchia Signora, Stefano Tacconi ha disputato 402 partite, di cui 56 nelle coppe europee, vincendo 2 scudetti, il tris delle coppe europee (una Coppa Uefa, una Coppa dei Campioni ed una Coppa delle Coppe) e quella Intercontinentale del 1985.
Il portierone Stefano aveva un grande sogno fin da bambino, quello di vestire la maglia bianconera, e questo sogno l'ha realizzato, restando per sempre nella storia della Juventus.
Entriamo dunque, nel cuore della Juve con Stefano Tacconi...

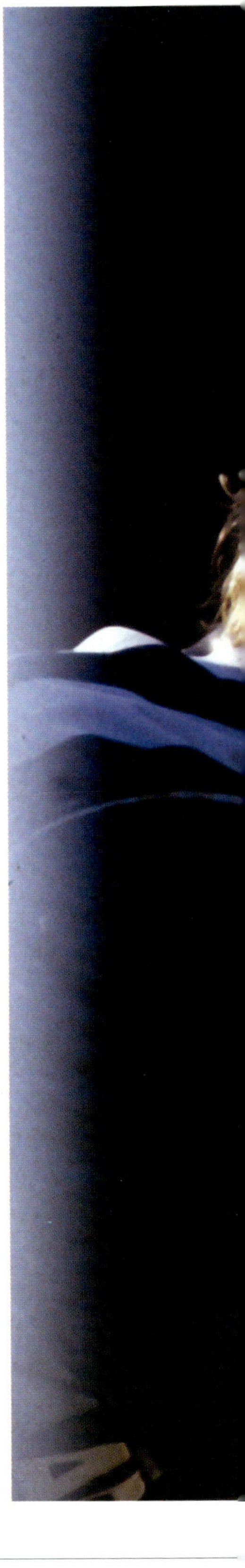

Photo by Salvatore Giglio

Photo by Salvatore Giglio

Cosa si prova a stare per 90 minuti in porta e che significato ha difendere la porta bianconera?

Stare 90 minuti in porta sicuramente è pura adrenalina, soprattutto per la maglia che indossavo, ossia quella della Juventus. Difendere la porta bianconera ha rivestito un grande significato per me, perché è sempre stato il mio sogno fin da bambino.

Lei è stato dieci anni alla Juventus e in quel periodo era tra i tre o quattro portieri più forti del mondo. Qual è il ricordo più bello di quegli anni? Cosa ricorda maggiormente di Boniperti e Giovanni Agnelli?

Il ricordo più bello risale senza dubbio al giorno in cui sono arrivato in questa società, ma restano nel mio cuore tutte, e dico tutte, le vittorie ottenute con la Juventus. Boniperti e Giovanni Agnelli sono stati dei grandi nel loro mestiere, amavano la loro squadra e mostravano sempre grande serietà e amore per il loro lavoro.

Con la Juventus ha praticamente vinto tutto. Qual è stata la vittoria più sofferta e la più emozionante?

La vittoria più sofferta è stata sicuramente Juventus – Porto nella finale di Coppa delle coppe nel 1983/84. La più emozionante invece è stata la finale di Coppa Intercontinentale nel 1985 in cui parai oltretutto due rigori. Farlo in una finale è stata davvero 'pura goduria'.

Lei è stato allenato sia da Giovanni Trapattoni che da Dino Zoff. Che ricordo ha di loro?

Entrambi sono sicuramente due grandi del calcio. Diversi l'uno dall'altro: Trapattoni lavoratore asfissiante e maniacale, Zoff professionista ed amico.

Scirea è stato suo compagno di squadra. Cosa le è rimasto impresso di lui?

Scirea era un ragazzo buono, l'amico che tutti vorrebbero avere e io questa fortuna l'ho avuta. È stato un grande professionista, con una carriera esemplare e una serietà encomiabile.

Quanto è stata importante la Juventus per lei a livello sportivo ed umano? Che rapporto si è creato tra lei e i tifosi bianconeri?

A livello sportivo e umano la Juventus ha fatto di me un professionista serio ed educato, oltre ad aver contribuito a costruire un uomo. Con i tifosi si era creato un bellissimo rapporto, perché eravamo un tutt'uno. Tra noi c'erano sentimenti di affetto, amicizia e amore.

Nel 1983 dall'Avellino si trasferisce alla Juventus, raccogliendo la pesante eredità di Dino Zoff. Cosa l'ha spaventava di più: giocare in un grande club o sostituire il grande Zoff?

Sicuramente entrambe le cose, ma l'appoggio da parte della società, la quale sapeva di aver acquistato un grande portiere, è stata la cosa più importante per me.

Il portiere più forte in Italia e non solo nell'ultimo decennio è stato Gigi Buffon. Può dirci le sue impressioni su questo campione?

Gigi Buffon è sicuramente una bandiera e questa è una cosa positiva perché ciò significa che nel calcio ne esistono ancora. Dal punto di vista professionale è un grandissimo campione con un grande carattere e forza psicologica, due elementi importanti per giocare in una squadra come la Juventus.

Che impressioni ha sulla nuova Juve targata Antonio Conte?

Grazie a Conte è tornata quella fame di vittorie che negli ultimi anni era venuta meno. Secondo me questo potrebbe essere l'anno giusto per tornare grandi.

Nel cuore della Juve con

Marcello Lippi

**"Con la Juventus ho vissuto una splendida favola.
Questa squadra rimarrà sempre nel mio cuore"**
Marcello Lippi

Orgoglioso, fiero, vincente e per tutti i tifosi juventini senza dubbio indimenticabile.
Questo è Marcello Lippi, uno dei pochi allenatori capaci di vincere tutto, sia con la propria squadra di club sia con la propria Nazionale, regalando la più grande gioia sportiva agli italiani, ossia la quarta coppa del mondo.
Mister Lippi sulla panchina bianconera ha vinto tutto, portando nella bacheca di Corso Galileo Ferraris (e nella sua personale): 5 campionati italiani, 1 Coppa Italia, 4 Supercoppe Italiane, 1 Champions League, 1 Supercoppa UEFA, ed 1 Coppa Intercontinentale, segnando quindi in maniera indelebile la storia della Vecchia Signora.
Insomma, se si nomina Marcello Lippi, inevitabilmente, ci si ricorda di quell'allenatore con il sigaro sempre in bocca, quell'allenatore tra i più vincenti del mondo, con in mano una Champions o una Coppa del mondo e infine, quell'allenatore che ha, ancora oggi a distanza di anni, un legame speciale con la Juventus, poichè ha contribuito a scriverne un pezzo indelebile di storia.
Un grande ed indimenticabile Mister, per la Juventus e per l'Italia.
Entriamo dunque, nel cuore della Juve con Marcello Lippi…

Photo by Salvatore Giglio

Photo by Salvatore Giglio

Cos'è per Marcello Lippi la Juventus? Quante gioie e dolori le ha dato la maglia bianconera?

La Juventus per me è stata ed è ancora una scuola di vita professionale. Dal punto di vista umano, la famiglia Agnelli, "l'Avvocato", il "Dottore" insomma la Juventus, mi ha trasmesso tutte quelle caratteristiche, quei presupposti psicologici che sono alla base dei grandi successi.
Le gioie più grandi come gli scudetti, la Champions, la Coppa Intercontinentale e tutti gli altri successi sono stati la colonna sonora più bella nei miei otto anni bianconeri, anni nei quali però non sono mancate anche delusioni grandi, come le tre finali di Champions perse… una vera tragedia!

Lei alla Juventus ha vinto tutto, qual è la vittoria a cui è maggiormente legato?

La vittoria a cui sono maggiormente legato è sicuramente la Champions League, soprattutto perché il popolo Juventino aspettava un'altra coppa dopo quella "tragica" dell'Heysel.

L'8 settembre 2011 la Juventus si è resa protagonista di una "rivoluzione culturale", così è stata definita, l'inaugurazione dello Juventus Stadium, primo stadio di proprietà di un club in Italia. Lei è stato uno dei protagonisti di quella sera, che emozioni ha provato entrando nello stadio accompagnato da un boato da parte dei tifosi?

La sensazione di entrare nella propria casa fatta di grandi uomini e di grandi successi è stata, ne sono sicuro, una grandissima iniezione di fiducia per i nuovi e anche per i vecchi calciatori Juventini.
Si è percepita la sensazione e la consapevolezza di essere entrati a far parte di qualcosa di veramente grande.
Per quanto mi riguarda non vi nascondo che quando sono entrato in campo e ho sentito quel boato beh… mi è venuto il "labbrino dalla commozione"!

I tifosi juventini non hanno mai dimenticato "Mister Lippi" con il quale hanno conquistato tutto e la osannano per l'uomo che è in campo e anche fuori. Che rapporto ha con loro? Sente la stima e l'affetto nei suoi confronti?

Il rapporto che c'è tra me ed i tifosi della Juventus è un qualcosa che mi inorgoglisce molto, è il risultato di anni fantastici e di grandissime soddisfazioni condivise.
È molto bello dopo tanti anni incontrare tifosi in tutte le parti del mondo che ti manifestano ancora grande stima e grande affetto.

Tutti gli italiani grazie a lei e ai suoi ragazzi hanno provato nel 2006 la gioia di vincere il Mondiale. Quant'è grande la soddisfazione di rendere un paese campione del mondo e avere la consapevolezza di essere entrato nella storia del calcio per sempre?

Non c'è dubbio che non esiste niente di paragonabile in termini di successo alla vittoria di un campionato del mondo con la maglia della tua nazione. Né una Champions League, nè una Coppa Intercontinentale… nessun'altra vittoria si può paragonare alla Coppa del mondo.

Come lei, Alessandro Del Piero ha scritto tante pagine della storia bianconera. Ha visto Alessandro crescere e maturare sia professionalmente che umanamente. Perché, secondo lei, è diventato "Del Piero"? Che cos'ha in più degli altri?

Alessandro Del Piero è un autentico fuoriclasse perché, oltre alle doti tecniche che madre natura gli ha regalato, è una persona estremamente intelligente con tutte le positività che le persone intelligenti hanno e trasmettono a chi gli vive attorno. Ecco perchè in tanti anni lui è diventato il simbolo della Juventus nel mondo e tutti gli Juventini nel mondo si identificano in lui.

Che rapporto deve esserci tra allenatore e giocatori? È fondamentale avere un legame forte?

A mio parere tra allenatore e giocatore il rapporto deve essere prevalentemente professionale, ossia non è necessario che l'allenatore sia per forza un padre di famiglia o un fratello maggiore, è necessario invece che l'allenatore dia ai giocatori la sensazione di essere una guida forte, sicura e competente, in grado di guidarli a raggiungere gli obiettivi che sono alla loro portata.

Mister, può dirci cos'ha pensato l'attimo prima che Grosso tirasse l'ultimo rigore nella finale mondiale?

Ho pensato che questa volta avremmo vinto noi! Dopo i mondiali in Francia nel 1998, gli europei in Olanda nel 2000, beh ... questa volta toccava a noi!

Qual è la caratteristica per eccellenza che deve avere una squadra allenata da Lippi? La trova in questa nuova Juve?

Sì, questa Juve mi piace perché ha grinta, carattere, grande umiltà e determinazione, oltre che una buona organizzazione di gioco, tutti elementi che ritengo indispensabili per una vera squadra.

Che ricordo ha di Giovanni Agnelli?

Lo ricordo come una persona "speciale" di grande carisma, grande umiltà e soprattutto grande amore per la Juventus.

La sua "prima Juve", quella dei Vialli, dei Ravanelli e dei Conte, era uno spettacolo, una macchina da gol e vittorie. Che cosa aveva in più quella squadra rispetto alle altre?

Quel gruppo aveva una grande fame di vittorie, oltre che grandi giocatori disposti a mettere al servizio della squadra tutte le loro immense qualità tecniche ed umane.

Tutti i tifosi ricordano il suo saluto allo stadio Delle Alpi dopo la partita con la Sampdoria. Che emozione ha provato in quel momento?

Ho provato una splendida sensazione oltre ad essere sopraffatto dall'emozione. In quel momento stavo salutando una grande famiglia, la mia grande famiglia.

Potremmo definire una favola la sua storia alla Juventus?

Sì è vero, la mia storia con la Juventus è stata una splendida favola. Questa squadra rimarrà sempre nel mio cuore.

Mister, è stato difficile per lei lasciare la Juventus?

È stato sicuramente molto difficile, però andavo verso un'altra fantastica esperienza che tutti sappiamo poi com'è finita!

Non c'è dubbio però che essere stato tanti anni alla Juventus mi ha aiutato anche a raggiungere l'ultimo grandissimo risultato.

Nel cuore della Juve con

Salvatore Giglio

(Fotografo ufficiale della Juventus F.C.)

"Quando entro nella stanza archivio delle foto della Juventus ho la sensazione di avere 114 anni anch'io"

Salvatore Giglio

Salvatore Giglio, una vita passata con la Juventus ad immortalare visi, espressioni, giocate da campioni e soprattutto le emozioni che un campo di calcio può regalare. Grazie ai suoi scatti, noi tutti abbiamo vissuto la Vecchia Signora, in ogni sua minima sfumatura e ancora oggi guardando una foto di Giglio, l'emozione si fa spazio tra i sentimenti che solo la maglia bianconera ci fa provare. Tramite il suo "obiettivo", la storia ha scritto le pagine più importanti, facendosi spazio nei grandi palcoscenici d'Europa e del mondo, foto ricordo che hanno scandito la carriera di grandi Campioni, come non ricordare la foto di Platini disteso sul prato, o quella di Del Piero dopo aver vinto l'Intercontinentale, ma soprattutto come non ricordare la foto per eccellenza, la famiglia Agnelli seduta su una panchina, quella panchina che ha dato vita alla leggenda bianconera.
E adesso, attraverso gli occhi di Salvatore Giglio, entriamo nel cuore della Juve...

Lei ha avuto l'onore di immortalare momenti che resteranno per sempre negli archivi della storia juventina. Questo quanto la rende orgoglioso?

Dal 1976 a tutt'oggi seguo la Juventus come fotografo free lance. Nel 1998 ho raggiunto il record di "mille partite" consecutive e ufficiali a seguito della Juventus. Il mio obiettivo è stato testimone delle più importante vittorie della "Vecchia Signora" (13 scudetti, 4 Coppe Italia, 3 Coppe UEFA, 1 Coppa delle Coppe, 4 Supercoppe Italiane, 2 Supercoppe Europee, 2 Champions League, 2 Coppe Intercontinentale, 1 Coppa Intertoto).
Sono inoltre il "custode" dell'immagine fotografica della Juventus dal 1897 ad oggi (nel 1985 ho comprato l'archivio storico dai vecchi fotografi). Quando entro nella stanza dell'archivio ho la sensazione di avere 114 anni anch'io. Conosco uno per uno tutti i protagonisti che hanno fatto la storia della Juventus e mi fa piacere pensare che anche loro abbiano imparato a conoscere me.

Cosa si prova a fotografare la storia della Juventus?

Emozioni. L'emozione di scoprire persone vere, con passione e tenacia, forza di volontà unite ad una sensibilità non comune. L'emozione di scoprire il rumore della scarpe sul pavimento, le carezze infinite che l'erba dà al pallone, l'odore del sudore, la fatica della gara, l'ansia, la gioia e le amarezze. È iniziata così la sfida con me stesso: volevo percepire le emozioni trasmesse da questi movimenti che si liberano nel colore e nella luce per provare a trasferirle nel silenzio e nell'immobilità di un'immagine. Volevo catturare un'emozione ed essere catturato da quella successiva, ma lasciando ognuno libero di interpretare.
Quante emozioni hanno saputo trasmettere questi colori, scene e suoni che cambiavano continuamente per svanire dal campo come segni sulla sabbia, per restare nella mente e... nel cuore.

Che ricordo ha di Gianni e Umberto Agnelli?

Con l'Avvocato ho avuto più feeling, il Dottore l'ho conosciuto poco.
Mi ricordo che quando arrivava l'Avvocato per assistere agli allenamenti della squadra, cambiava anche l'aria intorno tale era il suo carisma.
Mi ero fatto l'idea che fosse immortale, ora mi manca moltissimo. E non solo a me, manca al mondo intero una figura come lui.

Dal 1998 segue a livello professionale Alessandro Del Piero. Che rapporto ha con lui?

Era il 1993 quando ho conosciuto Alessandro Del Piero, un ragazzino silenzioso, felice, emozionato. Quando ha indossato la maglia della Juventus per la prima foto ufficiale, ho visto i suoi occhi pieni di una "luce Immensa" e in quel momento ho capito che quel ragazzino dalla faccia pulita avrebbe fatto molta strada con questi colori... Come l'ho capito? Dal modo in cui si mise la maglia e da come la trattò quando se la tolse. Non la gettò come facevano spesso i calciatori, ma la ripiegò con attenzione, con amore. Sapeva benissimo cosa significava quella maglia, che importanza aveva e non nascondeva l'emozione di vestirla.
Sono passati 19 anni dal quel primo "scatto fotografico" e il ragazzino diventato uomo ha vinto tutto quello che c'era da vincere con la Juventus.
È diventato Campione del Mondo con l'Italia e ha giocato in B da bravo capitano.

Potremmo dire che lei è "gli occhi di tutti", perché grazie a lei i tifosi rivedono momenti particolari, magari sfuggiti all'obiettivo delle telecamere. C'è una foto a cui è maggiormente legato? E una che non avrebbe mai voluto scattare?

La foto di Michel Platini fatta a Tokyo, sdraiato per terra dopo il gol annullato durante la finale di Coppa Intercontinentale 1985. La foto che è stata definita dallo stesso Platini "LA FOTO CHE FATTO LA STORIA" - Anche la mia Michel, grazie.
La (le) foto che non avrei mai voluto fare: la strage di Heysel 1985.

C'è un complimento che le ha fatto piacere ricevere, un aneddoto particolare?

Mi fa piacere essere definito, come avete fatto voi, "gli occhi di tutti". Dentro a questo vostro complimento c'è tutto il mio "legame/emozionale" che ho con i tifosi della Juventus.
Il complimento che ho ricevuto dal "primo tifoso" Gianni Agnelli è e rimarrà sempre dentro di me e nella storia della Juventus:

"Avvocato, mi scusi, ancora due scatti e abbiamo finito".
- "Signor Giglio, i suoi scatti per la mia famiglia sono importanti:
Il giorno in cui non ci sarò più, continuerò a vivere attraverso le sue foto".
- " Questo é uno dei più bei complimenti che abbia mai ricevuto.
Grazie Avvocato".

Nel cuore della Juve con

Simone Pepe

"La maglia della Juventus è una delle maglie più importanti al mondo"

Simone Pepe

Simone Pepe, un leone, un mastino, uno che corre per 90 minuti uscendo poi dal campo stremato senza avere più fiato, un tuttofare, un gran lavoratore. Arrivato alla Juventus nel 2010, Pepe è entrato subito nel cuore dei tifosi bianconeri, che in lui hanno sempre notato quella somiglianza con un altro ex juventino molto apprezzato, anch'egli romano naturalizzato torinese, Angelo Di Livio.

Cuore, lotta e umiltà, è ciò che hanno fatto di Simone Pepe il nuovo idolo bianconero, il nuovo orgoglio della Vecchia Signora. Lui corre sempre, corre forte, fortissimo e dalla prima partita di campionato all'ultima non si ferma mai, segna, regala palloni ai compagni, si improvvisa assist-man ed è in ogni parte del campo. Aggressivo e lottatore non solo nella Juventus ma anche nella Nazionale da quando per la prima volta, nel 2008, ne vestì i panni: "fu un'emozione straordinaria, il frutto di una gavetta dalla C alla B, avendo fatto tutte le nazionali dall'under 16 all'under 21 fino alla Nazionale" ci racconta.

Entriamo dunque, nel cuore della Juve con Simone Pepe...

Photo by Roberta Zambianchi

Photo by Roberta Zambianchi

Calcisticamente parlando lei ha percorso tutta l'Italia: inizia la sua carriera a 18 anni con il Lecco, poi Teramo, Palermo, Piacenza, Cagliari e infine nel 2007 approda all'Udinese, diventando titolare inamovibile. Quanto è stata importante per lei questa "gavetta" per poi arrivare in un grande club come la Juventus?

Una gavetta importante perché ho imparato tanto in tutte le categorie in cui ho militato. Quando passi attraverso diversi campionati accumuli con il passare degli anni hai più esperienza e capisci l'importanza di giocare in C e in B per poi arrivare in A in una squadra come la Juve.

Qual è stata la tua prima sensazione quando hai indossato la maglia della Juve?

È stata sicuramente una sensazione speciale, perché è una delle maglie più importanti al mondo. È stata

un'emozione particolare, un grande motivo d'orgoglio.

Antonio Conte oggi è il tuo allenatore. Cosa ti ha dato a livello professionale e umano?

A livello professionale mi ha insegnato tantissimo perché sono cresciuto molto in questi mesi con lui.
Mi ha dato molto anche a livello umano, perché si è creato un bel rapporto, essendo lui una persona molto schietta e diretta con me. Io ho fatto altrettanto con lui, riuscendo a stabilire un equilibrio che è stato determinante per la mia ripartenza.

Molti, tra tifosi e addetti ai lavori, la paragonano al "soldatino" Di Livio, per il suo essere aggressivo in campo, la sua velocità, la sua forza e il suo carattere guerriero. Di Livio poi era molto amato dai tifosi, come lei. Quanto si sente simile a lui?

Mi sento molto simile a Di Livio. Le nostre caratteristiche si assomigliano, anche dal punto di vista caratteriale, per cui è normale che ci sia questo tipo di accostamento fra noi. Per me è un onore perché Angelo è stato un giocatore fondamentale per la Juve e per la Nazionale.
Ho avuto la fortuna di conoscere personalmente Angelo, è simpatico e molto allegro, proprio come me. È un onore essere paragonato a lui, perché ha fatto la storia del calcio italiano.

Esordisce in Nazionale l'11 Ottobre 2008, sotto la gestione Lippi, che poi lo inserirà nell'elenco dei convocati per Sud Africa 2010. Che emozione si prova nel rappresentare la propria Nazione in un Mondiale?

Un'emozione straordinaria, il frutto di un lungo percorso di gavetta dalla C alla B, perché io ho scalato tutti i livelli, dall'under 16 all'under 21 fino alla nazionale.

Che rapporto ha con i tifosi juventini? Sente la stima nei suoi confronti?

Sì, sento la stima dei tifosi nei miei confronti, soprattutto quest'anno, me lo stanno dimostrando ogni giorno, sia a me che a tutta la squadra, per i risultati che abbiamo ottenuto.

Un giorno importante che passerà alla storia è l'8 settembre 2011, data dell'inaugurazione dello Juventus Stadium, la "Casa della Juve", così come l'ha definita il Presidente Andrea Agnelli. Può raccontarci l'emozione di quella sera?

È stata un'emozione indescrivibile, c'erano tanti grandi campioni, tanta gente era lì per noi.
È stato veramente bellissimo e ricorderò quella sera per sempre. Lo stadio per noi è un elemento fondamentale che ci dà la carica necessaria.

Nel cuore della Juve con

Claudio Marchisio

"La Juventus è una famiglia in cui tutti, dai giocatori alla società ai tifosi, hanno un ruolo chiaro e ben definito teso al raggiungimento del massimo obiettivo."

Claudio Marchisio

Claudio Marchisio, un nome che nel 2006 si mescolava con quello di altri giovani che, insieme ai senatori, sono riusciti a riportare la Juventus in serie A. Claudio però ha una marcia in più perchè è juventino nell'anima: nato a Torino nel 1986, il giovane centrocampista con il vizio del gol ne ha fatta di strada, ha creduto in se stesso ed è diventato in poco tempo il perno della Juventus e del calcio italiano. Lo chiamano "Principino" per le sue movenze regali in campo, ma in quel centrocampo è diventato Re, grazie alla sua personalità, alla sua grinta e alla sua determinazione. La sua è una storia simile a quella di molti altri calciatori che si sono consacrati con il passare del tempo diventando veri e propri campioni e lui di stoffa ne ha da vendere. I tifosi lo osannano e sono fieri di averlo tra le fila bianconere perché ormai lui è diventato uno di loro, grazie alla sua volontà di seguire quel sogno forse più grande di lui ma ricordandosi sempre, come ha tatuato sul braccio, che "Impossibile is nothing".
Entriamo dunque, nel cuore della Juve con Claudio Marchisio...

Photo by Roberta Zambianchi

Photo by Roberta Zambianchi

Lei è cresciuto a pane e Juve. Nel 1993 approda nelle giovanili della Juventus, quant'è stato importante conoscere il mondo del calcio proprio attraverso le basi del settore giovanile bianconero?

È stato fondamentale. La Juventus è una società organizzata nei minimi dettagli e fin dal settore giovanile tutto è teso a far capire fino in fondo il concetto di juventinità.

Dopo una breve parentesi all'Empoli, lei torna alla Juventus, disputando la sua prima gara ufficiale in bianconero il 26 Agosto 2008 nel turno preliminare di Champions League. Può raccontarci l'emozione di quella sera? Che cos'ha provato nel giocare per la prima volta insieme ad Alessandro Del Piero, suo grande idolo fin da ragazzino?

Devo correggervi. Non vogliatemene, ma la mia prima partita ufficiale con la prima squadra risale alla serie B, Napoli-Juventus. Detto ciò, posso dirvi che è stata un'emozione particolare e fortissima. Un sogno che poco per volta si concretizzava.

Lei è uno dei perni del centrocampo bianconero, un centrocampista con il vizio del gol, mai messo in discussione dagli allenatori grazie alle sue grandi doti. Quando ha capito che stava diventando "Marchisio" e non uno dei tanti giovani?

Non c'è un momento particolare. Diciamo che passo dopo passo sono maturato e ho preso coscienza delle mie capacità e dei limiti su cui dovevo continuare a lavorare per migliorare e diventare un giocatore completo.

I tifosi, che la considerano un loro beniamino, la chiamano "Principino" per le sue movenze regali in campo. Sente la loro vicinanza? Quanto sono importanti per lei i tifosi soprattutto a livello umano e che rapporto si è creato con loro?

I tifosi sono fondamentali. A maggior ragione quest'anno che abbiamo avuto la possibilità di giocare nel nuovo stadio con le persone a poco più di 7 mt da noi. Sentiamo il loro calore, il loro sostegno e questo rappresenta uno stimolo imprescindibile per qualsiasi giocatore. Sono davvero la nostra arma in più contro qualsiasi avversario.

Cosa rappresenta per lei la Juventus?

La Juventus è una famiglia in cui tutti, dai giocatori alla società ai tifosi, hanno un ruolo chiaro e ben definito teso al raggiungimento del massimo obiettivo.

Negli anni è diventato titolare inamovibile anche in Nazionale. Che sensazioni si hanno nell'indossare la maglia azzurra?

Sensazioni magnifiche. Senti davvero di rappresentare un intera nazione e questo ti riempie di orgoglio.

Nel cuore della Juve con
Giorgio Chiellini

**"Vestire la maglia bianconera è un onore
e un grande privilegio"**

Giorgio Chiellini

E pensare che il suo sogno da piccolo era quello di diventare giocatore di basket. Fortunatamente per i tifosi della Juventus e per il calcio italiano, Giorgio Chiellini ha intrapreso un'altra strada, diventando uno dei più forti difensori al mondo. Solamente la breve parentesi al Livorno (sua città natale) e l'anno in prestito alla Fiorentina hanno tenuto Giorgio lontano dai colori bianconeri, colori che dal 2006 gli sono appiccicati addosso. Per i tifosi juventini il "Chiello" è un gladiatore, uno che non molla mai, né in condizioni fisiche precarie né quando la partita è compromessa o già chiusa, per gli avversari invece è un vero e proprio muro, insomma, dove c'è lui raramente si passa! In campo ha l'atteggiamento da Capitano, difende i suoi compagni, dà forza e grinta alla squadra ed esalta il pubblico con le sue giocate e anche con i suoi gol. Perno fondamentale della Juventus sì, ma anche della difesa azzurra, la sua prima convocazione in Nazionale infatti risale al 2004 con Marcello Lippi. "11 Chiellini in campo", è quello che c'era scritto su uno striscione poco tempo fa: grinta, forza, motivazione, insomma, un po' più di Chiellini in tutti! Entriamo dunque, nel cuore della Juve con Giorgio Chiellini…

Photo by Stefania Camilla Carretto

Photo by Stefania Camilla Carretto

A parte il periodo al Livorno e una breve parentesi in prestito alla Fiorentina per un anno, lei è sempre stato alla Juventus. Cosa significa per lei vestire la maglia bianconera?

È un onore e un grande privilegio. La Juventus è la squadra più titolata d'Italia e con il maggior numero di tifosi. Ogni giorno lavoriamo per raggiungere il massimo dei nostri obiettivi e non deludere tutti gli appassionati che non ci fanno mai mancare il loro sostegno durante tutto l'anno.

Con la Juventus lei ha collezionato tantissime presenze ed è diventato titolare inamovibile. Si

sente un vero simbolo per la Juve? Che effetto le fa essere considerato uno dei migliori difensori del mondo?

È una grande responsabilità che mi rende però molto orgoglioso.

I tifosi Juventini hanno un affetto particolare nei suoi confronti, com'è il suo rapporto con loro?

Molto buono. I nostri tifosi non ci fanno mai mancare il loro sostegno e sono determinanti per le nostre prestazioni in campo.

Ci tolga una curiosità, cosa significa che lei è nato per difendere Buffon?

Gigi è un grandissimo portiere. Poter giocare con lui è un onore ed è estremamente facile perché ci guida con grande calma e con grande maestria.

Antonio Conte ha dato stimoli nuovi alla squadra? E a lei personalmente che cosa ha dato?

Il mister è un grandissimo motivatore. Ha saputo eliminare le nostre paure che negli scorsi anni avevano condizionato le nostre prestazioni.

Ci racconti un po' lo spogliatoio della Juve, ha un ruolo fondamentale il GRUPPO per raggiungere traguardi importanti e anche per superare momenti difficili?

Il gruppo è fondamentale. Fortunatamente quest'anno siamo ancora più uniti rispetto al passato e lavoriamo tutti per ottenere risultati migliori.

Lei alcune volte indossa la fascia da capitano. Che emozioni prova in quel momento?

Indossare la fascia da capitano è un'emozione grandissima. Detto ciò il nostro capitano "del cuore" è Alessandro Del Piero e, prima di me, rimane comunque Buffon che, per quello che ha fatto nella sua carriera, se lo merita a pieno titolo.

Nel cuore della Juve con
Daniele Conte
&
Stefano Adamo

È bello pensare che la frase dell'inno della Juventus -"Solo chi corre può fare di te la squadra che sei" – possa essere idealmente associata ad un uomo che di queste parole ne è diventato il simbolo indiscusso. Stiamo parlando di Antonio Conte, la cui storia con la Juventus può essere definita una favola. La favola di un ragazzino cresciuto nelle giovanili del Lecce e approdato alla corte degli Agnelli nel lontano 1991 come centrocampista molto intelligente, bravo, scaltro, anche se nei primi tempi nella nuova squadra si trovò un po' spaesato poiché come compagni aveva gente del calibro di Baggio, Zoff, Schillaci. Sarà stato forse anche questo a dargli la giusta motivazione per emergere rispetto agli altri. Il bianco e il nero, Antonio, li ha sempre avuti sulla pelle – i suoi primi calci al pallone infatti li diede nella Juventina Lecce che come colore sociale ha proprio il bianco e il nero - ed è passato dall'essere un semplice giocatore a bandiera e capitano della Vecchia Signora, fino ad esserne oggi l'allenatore. "IL SOGNO SI È AVVERATO: ANTONIO CONTE NOSTRO ALLENATORE", questo è stato il primo striscione esposto dai tifosi dopo il suo arrivo come Mister in casa bianconera. Quel sogno tanto desiderato lo sta ripagando, come sette anni fa quando era ancora in campo, quel campo che l'ha visto segnare gol splendidi e impossibili e poi urlare tutta la sua gioia a occhi chiusi con le braccia aperte come se stesse per volare e che oggi lo ritrova ad esultare allo stesso modo dalla panchina. Viscerale, per certi versi, la stima che i tifosi juventini nutrono nei suoi confronti. Non hanno mai smesso di osannarlo e desiderare il suo ritorno anche quando era altrove, vogliosi di vedere un giorno i loro beniamini con la stessa rabbia del Capitano numero 8, gli stessi occhi, pieni di grinta e cattiveria agonistica. Antonio Conte è da sempre Juventino nel DNA, lottatore e con un "difetto": quello di non saper perdere e di voler vincere sempre ad ogni costo. E questo i supporter bianconeri lo sanno e sono pronti a cantare ora più che mai: "Senza di te non andremo lontano, Antonio Conte il nostro capitano". Entriamo dunque nel cuore della Juve con Antonio Conte, con il fratello Daniele, suo procuratore, e con Stefano Adamo, presidente della Juventina Lecce…

Photo by Salvatore Giglio

Antonio Conte

Daniele Conte, fratello e procuratore, ci racconta così Antonio Conte...

"Lui è nato allenatore, poiché anche quando giocava si vedeva che era già un allenatore in campo, un leader, un trascinatore ed è quello che comunque sta trasmettendo da mister nelle varie squadre che ha guidato fino ad approdare appunto alla Juventus. Arrivare qui è stato un coronamento della sua carriera, anche perché quella di allenare una squadra in cui hai vinto tanto da calciatore è una cosa davvero molto bella!"

E, infine, alla nostra domanda "che aggettivo useresti per definire Mister Conte?", lui non ha dubbi, e risponde deciso... "...spero un vincente!"[Ride]

Photo by Salvatore Giglio

Antonio Conte mosse i primi passi nella Juventina, una società dilettantistica nata nel 1946 proprio nella città di Lecce.
Sin dagli inizi la società ha sempre avuto come obiettivo principale quello di avvicinare i giovani al mondo dello sport al fine di formare un vivaio di livello qualitativo elevato. Infatti, oltre ad Antonio Conte, tra i numerosi "prodotti" del vivaio bianconero troviamo altri due juventini, Franco Causio e Sergio Brio (senza dimenticare altri grandi campioni non juventini come Mimmo Renna e Aldo Sensibile). Allo stato attuale la società conta un gruppo di circa 150 tesserati ed è guidata dal presidente Stefano Adamo (figlio di Attilio Adamo, talent scout di livello nazionale dalla cui scuola sono usciti molti campioni) al quale abbiamo fatto alcune domande su Antonio Conte e gli altri campioni juventini.

Ha un ricordo particolare di Antonio Conte?

Sì, il ricordo particolare che ho di Antonio Conte risale a quando militava nel Lecce: credo avesse già esordito in serie A quando ebbe un infortunio abbastanza serio che lo costringeva ad una dura riabilitazione in una palestra che frequentavo anch'io. Lì ho avuto modo di conoscerlo approfonditamente. In quel periodo non era ancora conosciuto a livello nazionale ed internazionale, era semplicemente un giovane del Lecce di belle speranze. Durante quei giorni in palestra, notai che, nonostante il serio infortunio per cui in molti lo davano già per "dimenticato", lui aveva già le idee molto chiare, era un ragazzo deciso e caparbio. Ha sempre avuto lo stesso carattere che rivedo oggi. Non ha mai mollato, ci ha sempre creduto.

La rende orgoglioso essere presidente di una squadra che ha cresciuto grandissimi campioni?

Assolutamente sì, perché io credo che la funzione di queste piccole società dilettantistiche debba essere prima di tutto quella di avvicinare i giovani allo sport e alla vita sociale. Nel momento in cui queste società riescono poi ad individuare alcuni talenti e ad incanalarli verso circuiti più importanti tanto da arrivare a raggiungere i massimi livelli in squadre come la Juventus che è uno dei primi club al mondo, significa che la missione originaria ha avuto successo e ciò non può che essere motivo di grande orgoglio. Devo anche dire che la nostra società è una società di lunga tradizione che ha vinto anche due titoli italiani Juniores, oltre a titoli provinciali e regionali. Impresa eroica se si considera che vincere due titoli nazionali con i dilettanti è assai arduo dato che le partite sono decine e decine. La nostra però è una società che ha saputo da sempre coniugare la funzione sociale con la sua vocazione sportiva. Oggi la cosa più importante che ci inorgoglisce è la partnership con l'Università, grazie alla quale lavoriamo con tanti ragazzini all'interno del campus universitario in una bella struttura sportiva.

Pgoto by archivio storico Juventina Lecce

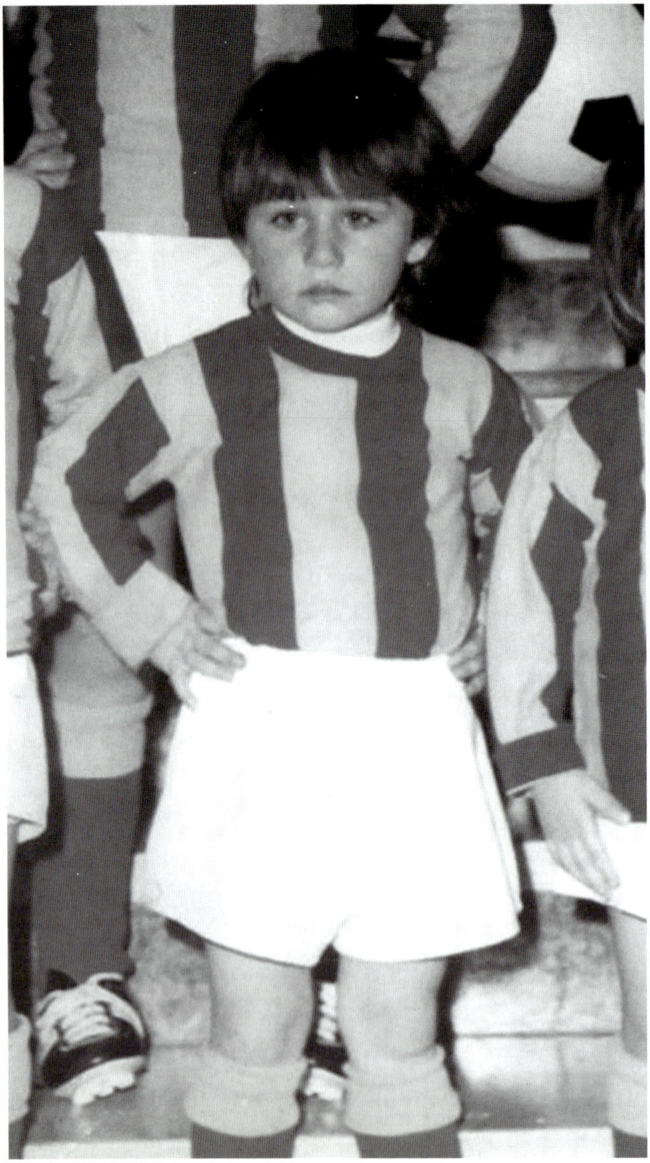

Il piccolo Antonio Conte ai tempi della "Juventina Lecce"

Brio, Causio e Conte, nati calcisticamente nella Juventina e poi approdati nella Juventus, ci parli di loro...

Mentre Antonio Conte è cresciuto sotto la guida del padre Cosimino, con cui sono molto amico, Causio e Brio sono stati allievi di mio padre, uno dei soci fondatori della Juventina Lecce. Di loro ho un ricordo speciale proprio per il rapporto avuto con mio padre che li ha scoperti. Causio, così come Brio, sono passati dalla Juventina al Lecce, così come è accaduto per Antonio Conte, ma per i primi due il passaggio è avvenuto solamente grazie al fatto che mio padre li portò con sé dalla Juventina quando fu chiamato a dirigere il settore giovanile del Lecce.
Posso raccontare anche un aneddoto molto noto a Lecce e non a livello nazionale su Sergio Brio. Quando lui era al Lecce ancora minorenne, prima di essere ceduto alla Juventus, l'allora

presidente del Lecce aveva pensato bene di cederlo per circa 800 mila lire dell'epoca ad una società dilettantistica della provincia. Il ragazzo era entusiasta di questa cessione perché da un settore giovanile poteva andare a giocare in serie B, ma ci fu una mezza bufera perché mio padre, l'allora allenatore, si oppose – anche se colui che poteva opporsi veramente era il papà di Sergio, essendo il ragazzo ancora minorenne. Sergio si prese un ceffone da mio papà perché voleva a tutti i costi andare via. Alla fine intervenne il padre di Sergio che disse no anch'egli alla cessione. Quattro mesi dopo fu ceduto alla Juventus. Questi sono i casi della vita!
Poi posso dire anche che Brio, per esigenze di gioco, venne impiegato come centravanti, solamente dopo assunse il ruolo di "stopper". Questo per far capire la sua propensione al gol: anche alla Juventus segnò parecchie reti, nonostante fosse un difensore, ma questo lo deve alle sue origini come attaccante.
Di Antonio Conte invece ricordo che era un "furetto" già all'epoca e non mollava mai l'avversario.

C'è un legame tra il nome Juventina e Juventus?

In comune c'è la radice del nome e anche i colori bianconeri, la coincidenza vuole che ci sia questa somiglianza, ma è anche vero che i colori della città di Lecce sono il bianco e il nero, non giallo e il rosso, perché quello è il colore della Provincia di Lecce. Ho il sospetto che qualcuno dei fondatori della Juventina fosse comunque tifoso della Juventus!

E, infine, promessa del presidente della Juventina Lecce...

Noi stiamo cercando di lavorare per trovare un nuovo prossimo aspirante Juventino (ride).

Nel cuore della Juve con
Alessandro Matri

"Quella bianconera è una maglia importante, pesante, è stata indossata da giocatori formidabili."

Alessandro Matri

Alessandro Matri, nato calcisticamente nel Milan, esordisce con i rossoneri in serie A nel 2003. La vera svolta per la carriera di Alessandro arriva grazie al Presidente del Cagliari, Cellino, che lo acquisterà nella stagione 2007/2008. Il 31 Gennaio 2011 viene però ufficializzato il suo passaggio dal Cagliari alla Juventus. Da lì in poi Mitra-Matri, così come lo chiamano i tifosi juventini, diventa un punto di riferimento per la Vecchia Signora. L'arrivo alla Juventus è un sogno per lui che ripaga la società e il mondo Juve a suon di gol, diventando tra gli attaccanti più completi del calcio italiano. Centravanti capace di giocare anche come seconda punta, notevole velocità in corsa, ottimo gioco aereo, insomma un grande attaccante, questo è Alessandro Matri. Il 6 Febbraio 2011 conquista anche la Nazionale di Cesare Prandelli, segnando nel match contro l'Ucraina il primo gol in maglia azzurra. Entriamo dunque nel cuore della Juve con Alessandro Matri...

Photo by Stefania Camilla Carretto

Photo by Roberta Zambianchi

Partiamo da un episodio che è rimasto nella mente di tutti i tifosi della Juve, lei che dice a Cellino: " Non sono i soldi, è un sogno", risposta data al Presidente che le aveva proposto il raddoppio dell'ingaggio pur di farla rimanere a Cagliari e non venderla alla Juventus. Lui che risponde: "Pensaci, se tu vuoi domani vado da loro e gli parlo, te lo devo". Tornando al presente cosa deve lei a Cellino? E quanto le ha fatto piacere quella affermazione?

A prescindere da quella affermazione, io devo tanto a lui. È stato il primo Presidente a credere in me, nel senso che mi ha introdotto nella massima competizione, la serie A. Anche nel momento in cui sono andato via è stato fondamentale, perché non si è opposto e ha capito le mie esigenze.

Ha paragonato l'arrivo alla Juventus ad un sogno. Adesso che questo sogno lo vive, quant'è grande l'emozione di indossare la maglia bianconera?

C'è tanta emozione, perché è una maglia importante, pesante, è stata indossata da giocatori formidabili e c'è la voglia di farsi valere e cercare di vincere qualcosa con questa divisa.

Oltre alla Juventus, il 6 Febbraio 2011 conquista per la prima volta la Nazionale, dimostrando ancora una volta le sue qualità. Pensa che giocare in un grande club sia fondamentale per un giovane per essere convocato in azzurro?

Non è detto, ultimamente ci sono anche tanti giovani che giocano in Nazionale appartenenti a club più piccoli, però è ovvio che un giovane che gioca in una grande squadra è sotto gli occhi di tutti e ha più visibilità. Comunque se è in un grande club vuol dire che se lo merita, quindi è un buon giocatore.

Ha subito conquistato i tifosi della Juve, che l'hanno soprannominata per i suoi gol "Mitra-Matri", ma c'è un attaccante a cui s'ispira, che prende a modello?

Questa domanda me la fanno spesso, ma ho sempre avuto difficoltà a rispondere, perché per me è difficile autovalutarmi o paragonarmi ad altri. Però se devo fare dei nomi di giocatori che per me erano e sono idoli, dico Van Basten, Vieri, Ronaldo.

Qual è il gol che fino ad ora l'ha emozionata di più in maglia bianconera?

Sicuramente quello di quest'anno contro il Milan è stato importante, e poi quello in Nazionale, perché era il mio primo gol con la maglia azzurra.

Per il futuro che obiettivi ha Alessandro Matri?

Spero di potermi togliere soddisfazioni personali e di squadra, nel senso che ho voglia di vincere ed essere protagonista di tante vittorie.

Nel cuore della Juve con

Nicola Legrottaglie

"La Juventus per me ha rappresentato il top del calcio e della mia carriera"

Nicola Legrottaglie

Dopo aver militato a lungo in molte squadre, nell'estate 2003 Nicola Legrottaglie venne acquistato dalla Juventus. I primi mesi nella nuova squadra bianconera per Nicola furono veramente splendidi, infatti durante la finale di Supercoppa Italiana giocata a New York contro il Milan, un suo colpo di testa andò a sbattere sul palo e permise a Trezeguet di insaccare e portare la Juventus ai supplementari e poi a vincere il trofeo. Durante gli anni in bianconero Legrottaglie fece spesso coppia con Giorgio Chiellini al centro della difesa con un ottimo rendimento. Con la Juventus vinse 1 Supercoppa Italia e 1 Campionato di Serie B. Nel Gennaio del 2011 venne acquistato a titolo definitivo dal Milan. Il "Duca", così chiamato per i suoi movimenti eleganti in campo, collezionò in maglia bianconera 154 presenze e 10 reti.

Entriamo dunque, nel cuore della Juve con Nicola Legrottaglie...

Photo by Salvatore Giglio

Photo by Salvatore Giglio

Che cos'ha rappresentato per lei la Juventus?

Per me ha rappresentato il top del calcio e della mia carriera, io devo solamente ringraziare la Juve per tutte le emozioni e per tutto quello che mi ha dato. Un'esperienza di vita unica che mi ha fatto crescere prima di tutto come uomo. In quella fase della mia carriera è stata fondamentale nel farmi riscoprire determinati valori.

Nel suo primo anno di Juve ha avuto come allenatore Marcello Lippi, che poi ha incontrato in

nazionale, cosa le ha insegnato calcisticamente parlando?

Devo ringraziare lui e tutti gli allenatori che ho avuto, perché ognuno mi ha trasmesso qualcosa della propria esperienza. Mister Lippi è stato importante per me perché mi ha sempre sostenuto e incoraggiato, anche quando mi ha riconvocato in Nazionale, quindi per me è stato un punto di riferimento.

C'è una partita o un gol con la maglia bianconera che ricorda in modo particolare, a cui è più legato ?

Certamente il primo gol della rinascita, quando sono tornato alla Juve, contro la Reggina, il gol dell' 1 a 0. Quello è stato il gol della svolta perché ho riconquistato tutto ciò che un calciatore desidera.

Che sensazione prova oggi nel giocarci contro?

Ma ovviamente c'è sempre l'antagonismo in campo, vuoi sempre dimostrare di essere all'altezza e che magari si sono sbagliati, quello senz'altro. Quando ho giocato a Torino da avversario sono stato assalito da una serie di emozioni contrastanti, però è stato bello ritrovare tutte le persone con cui avevo lavorato e con cui avevo condiviso tante vittorie.

Quando si nomina la parola "Calciatore" molto spesso la gente cade nei soliti luoghi comuni, ma lei invece è riuscito a dimostrare altro. Anche chi non segue il calcio la apprezza per il percorso di vita intrapreso. Crede che nel mondo del calcio e non solo ci sia bisogno di più persone che riescano a dare un esempio diverso senza scadere nei soliti clichè?

Assolutamente, non solo nel calcio, ma in generale nella vita, la gente ha bisogno di esempi di persone che vanno controcorrente rispetto al modo di pensare e di agire comune. Siccome poi si vedono i frutti di quello che abbiamo seminato - e attualmente i frutti sono veramente pessimi- è chiaro che la gente si stanca di vedere sempre del marcio nelle cose, la violenza, la gelosia e la malafede tra le persone. Quindi quando si trova una persona che parla di certi valori, sembra una cosa strana, invece dovrebbe essere la normalità. Io ritengo che più le persone famose o quelle che comunque rappresentano dei miti e dei punti di riferimento si impegnano nel dare messaggi ed esempi positivi, più le persone comuni si possono riconciliare con certi valori. Credo che oggi ci sia bisogno di esempi e di modelli, a prescindere dal mondo del calcio. Tutto deve partire soprattutto da chi ci comanda, perché alla fine tutto dipende da questo, perché se noi vogliamo vedere una Nazione cambiata dobbiamo sperare che chi la guida abbia ben presente alcuni valori di base.

Nel cuore della Juve con

Angelo Di Livio

"La Juventus mi ha dato la possibilità di farmi conoscere nel mondo. È stato un onore vestire la maglia bianconera."

Angelo Di Livio

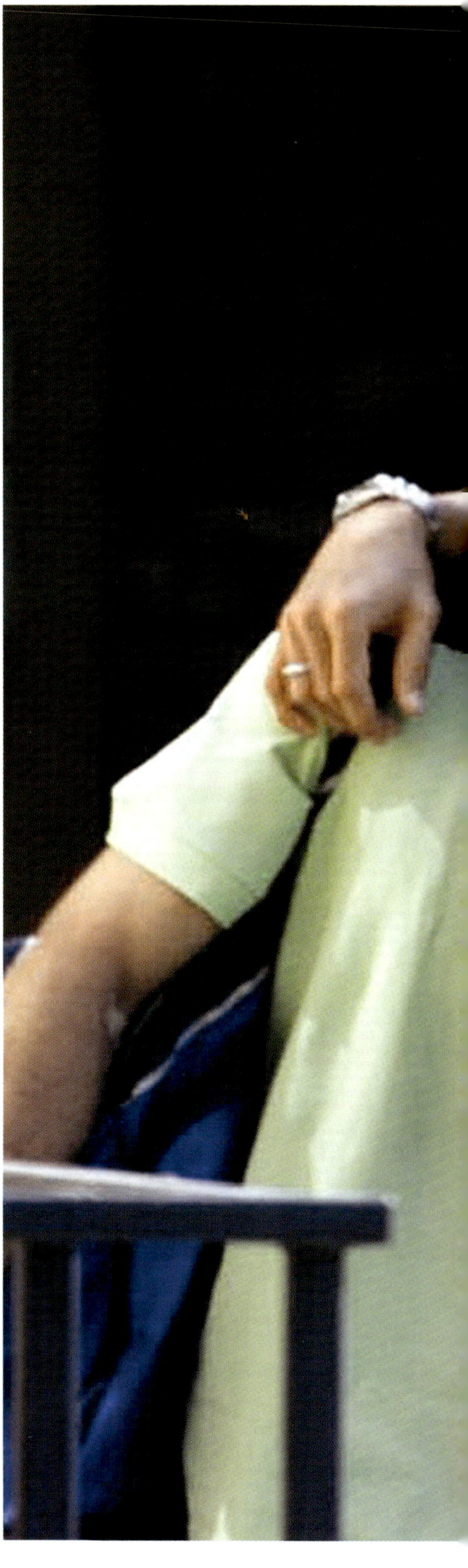

Angelo Di Livio arrivò alla Juventus all'età di 27 anni, dopo una lunga gavetta tra la serie B e la serie C. Il soldatino, - chiamato così perché sempre ligio alle consegne dei suoi allenatori, che lo stimavano a tal punto da volerselo portare sempre dietro - fu il simbolo del lavoro che paga. Dal 1993 al 1999 divenne una bandiera inamovibile della Vecchia Signora. Sulla sua fascia di competenza era inesauribile, correva, lottava su ogni pallone, con grinta, forza e determinazione. Furono queste infatti le caratteristiche principali che seppero conquistare Marcello Lippi e Giovanni Trapattoni. Con la Juventus Angelo vinse tre scudetti, una Champions League, due coppe Italia e una coppa Intercontinentale. All'età di 29 anni indossò la maglia della Nazionale Italiana partecipando a due mondiali e due europei.
Entriamo dunque, nel cuore della Juve con Angelo Di Livio...

Photo by Salvatore Giglio

Angelo Di Livio sulla sinistra. Alessandro Del Piero sulla destra.

Arriva alla Juventus all'età di 27 anni, per volontà di Giovanni Trapattoni, dopo una gavetta nelle serie minori. Cosa vuol dire conquistare una maglia così importante dopo aver vissuto il calcio di provincia?

Penso che già arrivare in serie A sia bellissimo, perché è il sogno di tutti i giocatori, però indossare la maglia della Juventus ti dà maggiori soddisfazioni, perché è stato sempre un club ambito da tutti. Per me è stato motivo di grande orgoglio.

Quest'anno molti conoscitori di calcio hanno paragonato Simone Pepe a lei. Come giudica questo accostamento? Si rivede in Pepe quando lo vede giocare?

Devo dire di sì, a me piacciono le caratteristiche dell'esterno che sa ricoprire tutta la fascia, quindi sì, mi rivedo in lui. Pepe sta facendo benissimo, gli faccio i complimenti per quello che mostra in campo.

Com'è nato il suo soprannome "soldatino"? Le piace essere soprannominato così?

Sono tanti anni che mi chiamano così. Sì mi piace, è stato Roberto Baggio a darmi questo soprannome per come correvo in campo.

Una Coppa dei Campioni vinta con la Juventus. Cosa ricorda di quella notte?

Ricordo tutto, è stata una serata indimenticabile. Poi vincere a Roma, nella mia città, per me è stato motivo di grande soddisfazione e gioia. Credo che chi ha giocato quella sera non la dimenticherà mai.

Cosa le è rimasto dentro della Juve?

Un grande senso di appartenenza perché sono stati 6 anni bellissimi, pieni di successi. La Juventus mi ha dato la possibilità di farmi conoscere nel mondo. È stato un onore vestire la maglia bianconera.

Edgar Davids sulla sinistra. Angelo Di Livio sulla destra. Photo by Salvatore Giglio

Questa è stata l'ultima stagione di un suo grande compagno di squadra in bianconero, Alessandro Del Piero. Come ha vissuto quel 13 Maggio? Secondo lei si è chiuso un ciclo? Vede eredi di questo grande campione?

È stata una giornata un po' triste, perché vedere Del Piero fare il giro di campo con la gente che lo acclamava e piangeva è stato molto toccante. Mi dispiace che sia finita così, perché Alessandro, secondo me, meritava più di tutti maggior rispetto e maggior riconoscenza. Questo però è il calcio e bisogna accettarlo. Spero che Alessandro possa continuare in un'altra squadra, perché ha ancora la forza e le motivazioni per farlo. In questo momento non vedo nessun "Del Piero", non c'è un giocatore con quella classe, con quei numeri, ma spero che un giorno ne vengano fuori altri 10.

Nel cuore della Juve con

Moreno Torricelli

"Arrivare alla Juventus è stata la realizzazione di un sogno."

Moreno Torricelli

Moreno Torricelli, la favola del calcio. Dall'interregionale alla Champions League, prima magazziniere poi titolare nella Juventus. Terzino, giocatore volitivo e dalla grande grinta, caratteristiche che la Vecchia Signora ha scoperto in Moreno Torricelli durante un'amichevole che è si è rivelata poi il viatico per il suo sogno in bianconero. Le due stagioni migliori per Torricelli sono la 1994-95 e la 1995-96. Conquista lo scudetto, la Coppa Italia, la Champions League, la Coppa Intercontinentale, la Supercoppa europea e la Supercoppa Italiana, disputando partite memorabili per intensità e grinta. Da incorniciare è la finale contro l'Ajax, nella quale viene eletto miglior giocatore in campo. Naturalmente, arriva anche per Moreno la convocazione in nazionale, con la quale disputerà dieci partite, partecipando al Campionato Europeo inglese. La sua avventura bianconera termina nell'estate 1998 quando viene ceduto alla Fiorentina, dove continua a combattere con la grinta da guerriero sulla sua fascia destra per far sì che il suo sogno possa durare il più a lungo possibile. Entriamo dunque nel cuore della Juve con Moreno Torricelli...

Photo by Salvatore Giglio

Photo by Salvatore Giglio

La sua potremmo definirla come la "Favola del calcio". All'inizio degli anni 90 lavora come magazziniere e durante un'amichevole tra Caratese e Juventus viene notato dalla società bianconera che la convocherà più avanti facendola diventare così un suo giocatore. Può raccontarci l'emozione di quel periodo? Cosa provò quando si rese conto di essere nella rosa della Juventus?

Sicuramente molta incredulità, anche perché non avrei mai pensato che una squadra del genere avesse bisogno di un giocatore come me. In quell'anno avevano comprato giocatori del calibro di Vialli, quindi inizialmente senz'altro stupore, poi son partito con la squadra senza essere sicuro di rimanere perché volevano vedermi e valutarmi bene. Giorno dopo giorno il tutto prendeva consistenza e pian piano cresceva sempre di più la convinzione che sarei potuto rimanere in quel gruppo. È stata la realizzazione di un sogno.

Cosa le ha insegnato la Juventus a livello professionale e umano?

A livello professionale tutto, dalla A alla Z, perché è stato il mio esordio da professionista. Sotto il profilo umano, la cosa più bella è essere stato a contatto con persone che hanno fatto la storia dell'Italia come l'Avvocato Agnelli e il fratello Umberto. Mi hanno insegnato che, a prescindere dai ruoli e dall'importanza che si può avere, l'umiltà ripaga sempre. Vedere Gianni Agnelli interessato a conoscere il mio passato mi ha fatto capire che persona fosse.

Lei è stato compagno di squadra di tanti grandi giocatori. Ha un ricordo particolare legato ad Alessandro Del Piero, oltre che compagno di squadra anche suo amico?

Del Piero l'ho visto nascere alla Juventus, è arrivato l'anno dopo di me come giovane di bellissime speranze. Il primo anno si allenava con noi anche se giocava spesso con la Primavera, ma già si vedevano emergere le qualità che possedeva, anche a livello umano. Andava da mia moglie a tagliarsi i capelli, era un ragazzino molto promettente che si stava costruendo il futuro, un grande futuro.

L'8 settembre 2011 lei è stata una delle tante stelle a scendere in campo durante l'inaugurazione dello Juventus Stadium. Che ricordi conserva di quel giorno?

Ho avuto bellissime emozioni, perché dopo parecchi anni incontrare amici e compagni di battaglie e di vittorie è sempre molto piacevole. In più in uno stadio di proprietà come quello ti faceva venir voglia di giocare ancora. È stata una bellissima serata, perché far parte della storia di una società così importante a livello mondiale ti fa sentire altrettanto importante.

Nel '95-96 ha vinto la Champions League con la Juve. Cosa ricorda di quel giorno, ha un aneddoto del post-partita?

Più che del post partita, mi ricordo la tensione che c'era mentre dall'albergo andavamo allo stadio e i tanti tifosi che c'erano sul cammino nelle vicinanze dell' Olimpico. Nei loro occhi si intravedevano una voglia e una rabbia agonistica che ci spronavano. È stato un momento ricco di adrenalina, sapevamo che eravamo a un appuntamento con la storia.

La Juventus è Campione d'Italia, qual è stata secondo lei la vera forza di squadra?

Credo il gruppo, la voglia di non arrendersi mai, come nella partita di Napoli in cui la squadra si trovava sotto di 3 gol. Nonostante tutto girasse storto, si intravedeva la voglia di raggiungere il pareggio e così è stato. Credo che la grande forza di questo gruppo sia stata questa.

Vivo di emozioni
che tu
JUVENTUS
non sai nemmeno
di darmi!
San Severino Marche

PARTE II

I TIFOSI “SPECIALI”

Nel cuore della Juve con

Paolo Belli

Cantante e showman italiano. Grande tifoso Juventino

Com'è nata la sua passione per la Juventus?

La prima foto che ho di me neonato mi mostra avvolto da una bandiera della Juve: mio padre era Juventino, mia madre pure...GRAZIE A DIO... mi hanno da subito attaccato questa passione e da allora ho il sangue BIANCONERO.

Com'è nata l'idea di scrivere l'inno per la Juve?

L'inno è stato scritto dall'entourage di Eros Ramazzotti, io ho firmato l'arrangiamento. Quando mi hanno proposto di cantarlo non ci potevo credere e ho accettato subito. Da piccolo sognavo di giocare nella JUVE e tutte le volte che sento l'inno allo stadio è come se anche io fossi schierato in campo dal mister, è come se quel bimbo giocasse da titolare con la sua squadra del cuore.

Qual è la frase o il pezzo della canzone che le piace di più?

Dal punto di vista autorale mi piace tutto, ma la frase "BIANCO CHE ABBRACCIA IL NERO" mi piace moltissimo perché sta a significare tante cose. Dal punto di vista musicale, quando c'è il cambio di tonalità è sublime, lì tutto lo stadio esplode.

Che cosa prova nel sentire ogni domenica lo stadio che canta a squarciagola le sue parole?

Provo sicuramente una grande gioia che fa riemergere il bambino che c'è in me e mi fa capire che i sogni si possono realizzare.

Lei piace la nuova Juventus targata Conte? E il suo "idolo" di sempre nella Juventus chi è ?

La Juventus di Antonio Conte, in una parola, la adoro. Il mio idolo è Alessandro Del Piero.

Nel cuore della Juve con

Roberto Buonfiglio

Direttore e fondatore del sito www.orgogliobianconero.net

"Per me la Juventus è stile di vita. Per me la Juventus è eleganza e signorilità. Per me la Juventus è emozione.

Pensare che fino all'età di sei anni sono stato gravemente malato di "interite", che oggi viene chiamata 'prescrittite'. Per fortuna però, grazie alle cure di mio zio, sono guarito. Infatti, appena saputa della mia malformazione, lo zio mi portò a vedere una partita nel tempio bianconero, lo 'stadio Comunale: era il 1970 e quel giorno si giocava un Juventus – Cesena. Nonostante fossi un bambino, ricordo benissimo che segnò un certo Helmut Haller. Era la mia prima volta allo stadio e non vi potete immaginare l'emozione appena entrato sugli spalti. Fumogeni rossi e bianchi, sventolio di bandiere e sciarpe bianconere, ma la cosa che mi impressionò di più fu che potei battere sui tamburi. Da quel momento diventai la mascotte della curva Filadelfia e ogni domenica ero puntuale al mio posto a battere sul tamburo.

Sono passati più di quarant'anni e seguo tutt'ora le gesta della mia squadra del cuore soprattutto da quando nel 2006 una congiura ha deciso di distruggere la Società più forte di tutti i tempi nella storia del calcio italiano, la Juventus F.C. Forse per un senso di protezione e di appartenenza ho creato un blog sul web chiamato www.orgogliobianconero.net. In questo sito i tifosi veri, quelli che sono sempre in prima fila per difendere i colori bianconeri, trovano spazio per esporre le proprie idee e considerazioni. Grazie a questo sito ho capito cosa vuol dire essere un tifoso della Juventus: Amare con stile la propria squadra del cuore."

Nel cuore della Juve con
Francesco Ceccotti e lo staff di vecchiasignora.com

"Che cos'è la Juve?". Una domanda apparentemente semplice, ma cui è possibile rispondere in tanti modi. Banalmente ("la squadra del cuore"), con frasi fatte ("una magnifica ossessione") o citazioni ("un vizio"), o descrizioni lucide ("la disperazione di mogli/mariti o fidanzati/fidanzate"). Fin qui, il ritratto del tifoso. Per coloro che danno vita a Vecchiasignora.com la Juventus è stata ed è un'occasione straordinaria di conoscere gente che mai avrebbero altrimenti incontrato, di cementare amicizie e di saldare legami con persone che vivono anche a centinaia di chilometri l'una dall'altra; per i più attivi e motivati la Juventus è diventata, in pratica, un lavoro. A volte per modo di dire, scherzosamente (anche se non è scherzoso l'impegno e la dedizione, remunerato solo con l'entusiasmo); in qualche caso anche, seriamente, un'occasione di lavoro - mica male, con i tempi che corrono. Ma anche così qualcosa sfugge, perché in fondo anche questi ultimi aspetti possono essere comuni ad altre esperienze di vita, o professionali. L'essenza, la verità, sta altrove, è inafferrabile, sai cos'è ma non trovi le parole per dirlo. Finché non ti ricordi che queste parole le trovò, tanti anni fa, un grande giornalista sportivo e grande innamorato della Juventus, Vladimiro Caminiti, chiudendo un suo bel libro dedicato alla Signora.
"La Juventus non è soltanto una squadra di calcio. La Juventus è uno stile di vita".

Nel cuore della Juve con

Nicola De Bonis

Giornalista presso Radio Manà Sport 24.
Ideatore e conduttore di "Stile Juventus" in onda da otto stagioni.

La mia passione per i colori bianconeri arriva da lontano, o forse no da molto vicino. Erano gli anni 80 e una meravigliosa Juventus dominava in Italia e nel mondo. Campioni straordinari facevano sognare un bambino con in testa una cosa solamente, il calcio. Ma a differenza di tanti miei coetanei che potevano solo sognare il pallone, avevo la fortuna di poterla vivere molto da vicino, quella Juventus. Grazie ad una amicizia intensa tra la mia famiglia e quella di Giovanni Trapattoni ebbi la possibilità di "vivere" la squadra dal suo interno... I calciatori erano degli amici per me e io una piccola mascotte per loro. Vivevo sensazioni uniche, alzavo le coppe, festeggiavo negli spogliatoi gli scudetti. Insomma, ero un privilegiato. Da tutto questo negli anni è maturata' ancor di più' la passione per questo sport fino a diventare il mio lavoro. Le difficoltà' sono state enormi, un mondo complicato il nostro. Quando scelsi di portare avanti un progetto radiofonico dedicato per intero alla Juventus, in molti a Roma non gradirono. Ci volle calma, professionalità e pazienza per inserirsi in un contesto "difficile" come quello della comunicazione capitolina. Con il tempo i risultati sono iniziati a venire e ora ci ritroviamo con "Stile Juventus" a essere uno dei principali punti di riferimento per i tifosi bianconeri.
La stagione appena conclusa ci ha regalato una gioia infinita, ha fatto di nuovo pulsare il cuore di milioni di Juventini. Questo per me è un ulteriore stimolo per migliorare giorno dopo dopo giorno e non mollare mai. Come la Juve, fino alla fine.

Nel cuore della Juve con

DJ Nanà

Speaker ufficiale della Juventus

Dj Nanà è la voce della Juventus, colui che fa urlare lo Juventus Stadium.
Lo speaker bianconero ci racconta che si trova ormai da 12 stagioni a fianco della Vecchia Signora, dal 2000, e che nel pronunciare i nomi dei campioni che hanno fatto la storia di questa gloriosa società "ogni volta si prova un'emozione nuova. Il rito delle formazioni ad esempio è un momento di straordinaria aggregazione bianconera" e ancora "i nomi di alcuni giocatori li urlo da sempre – come Buffon e Del Piero – ad altri resto molto affezionato anche se non ho più occasione di presentarli, come ad esempio Pavel Nedved, Edgar Davids e David Trezeguet...".
"Seguo la Juventus nei ritiri estivi e in ogni circostanza in cui la squadra incontri i tifosi" afferma Dj Nanà, il quale ormai definisce la Vecchia Signora come "un modo di vivere, di affrontare tutto, anche le cose del quotidiano ed extrasportivo proprio da juventini con stile e determinazione. E questo non è male, e non è da tutti, infatti non tutti sono juventini".

Nel cuore della Juve con

Fabio Germani

Ex referente curva Sud della Juventus e fondatore di "Italia Bianconera"

Com'è nata la sua passione per la Juventus?

La mia passione per la Juve nasce da mio nonno, tutta la mia famiglia è totalmente juventina, a casa mia non si è mai obbligato nessuno ad essere juventino, ma per noi è uno stato di fatto, una tradizione, anche i miei figli sono juventini, i miei nipoti, per noi è automatico vivere con la fede per la Juve che ci tramandiamo questa cosa da generazioni.

Quando e perché ha deciso di seguire la Juve come ULTRA' sia in casa che in trasferta?

Mio nonno era la mia ragione di vita, mi ricordo che mio nonno prima delle partita della Juventus, stava 4-5 ore prima davanti la TV aspettando la partita. Lui comprava "La Stampa" e "Hurrà Juventus", e il mercoledì quando gli arrivava Hurrà Juventus, dalle 6 del mattino era già affacciato al balcone aspettando il postino. Guardavamo le partite insieme, quando mio nonno è venuto a mancare, gli ho fatto una promessa, che avrei fatto qualcosa per la Juve, e quando ho avuto la possibilità di seguire la squadra, è come se mio nonno fosse con me, lo sento ancora più vicino, e se fosse ancora in vita, sarebbe felicissimo. Mi rendo conto che sono delle grosse responsabilità, ci sono state diverse situazioni che negli anni si sono create, quindi ci vuole anche tanto impegno.

Qual è la partita che seguendola dalla curva l'ha emozionato di più?

Sono state due partite, la prima Rimini-Juventus in serie B, perché vedendo entrare la squadra in campo, che fino all'anno prima aveva vinto tutto, stava giocando in quella serie con il Rimini, e in quel momento ho avuto tanta emozione, e ho capito che la mia fede per la Juve era qualcosa di unico, i brividi che mi hanno dato quelle maglie che entravano in campo, è stato qualcosa di meraviglioso, cioè la Juve era in serie B ma non m'interessava il senso di appartenenza che avevo era fortissimo. Un'altra partita che mi ha emozionato è stata Juventus- Fiorentina, quando Del Piero fece quel gol meraviglioso, però se devo scegliere Rimini-Juventus, vedevo la gente che urlava più forte per supportare e aiutare ancora di più la squadra.

C'è un giocatore a cui è più legato, sia come amico che come tifoso?

Di amici all'interno della squadra ne ho tanti, da tifoso non c'è un giocatore in particolare anche se Del

Fabio Germani e Alessandro Del Piero.

Piero è la bandiera vivente che continua a giocare, che è la storia vivente, però non c'è un giocatore, mi appassiona proprio la maglia, mi emoziona la squadra in generale.

Ci parli della sua fondazione "Italia bianconera" cos'è?

Questa fondazione nasce dopo che mi tolgo come referente la curva per scelta personale, decido di aprire questa associazione, che aiuta i bambini malati di leucemia, devo ringraziare molti giocatori della Juve che sono sempre stati disponibili per questa causa, se le nostre cene benefiche o il nostro impatto mediatico funziona è anche grazie a loro, abbiamo fatto diverse cene benefiche da 1500 persone,non avrei mai pensato una cosa del genere. Ce l'abbiamo fatta fortunatamente, con tutta la gente che viene ci divertiamo e facciamo anche del bene. È una cosa nata seriamente ma per scherzo e col tempo ha dato risultati positivi.

Qual è la vera forza della Juve targata Antonio Conte?

Antonio Conte. Ha riportato la sua mentalità che ha imparato quando arrivò dal Lecce alla Juve, e ha ripreso quella mentalità e la voglia, come se lui non fosse l'allenatore ma il capitano della squadra e tramandasse da giocatore a giocatore quello che era la vera forza della Juve, cioè la mentalità, il DNA.

Cos'è per lei la Juventus?

È una ragione di vita, è un modo di vivere, io vivo da juventino, anche nel mio lavoro, mi chiamano "Fabio Juve" e sono felice di essere chiamato così.

Infine ci svela un aneddoto su mister Conte

Io sono suo amico, quando lui non allenava andavamo insieme a guardare le partite, prendevamo il pullman, e lui si metteva cappellino e sciarpa per non farsi riconoscere, non si perdeva una partita della Juventus. Seguiva la squadra sempre, ha una grande umiltà, e un grande uomo, è nato e cresciuto a pane e Juve.

Nel cuore della Juve con
Massimo Giletti

Conduttore televisivo e giornalista italiano. Grande tifoso Juventino

Com'è nata la sua passione per la Juventus?

È nata quando da bambino mio padre mi portò una maglia (taglia bambino) della Juventus e da lì è esplosa la passione che ebbe il suo momento magico nel '69 quando Boniperti, che era un amico di famiglia, mi portò negli spogliatoi della Juventus. Da piccolino vidi tutti questi grandi giocatori che mi sembravano dei miti, era un sogno, ma in realtà ero lì e potevo toccare Haller, Leonicini, Castano, i giocatori dell'epoca.

Qual è stato o qual è il giocatore a cui è più legato? E se c'è un giocatore che le piacerebbe vestisse la maglia della Juventus...

Sono due: Zoff e Pessotto. Zoff è una persona con qualità morali straordinarie. Quando ci incontriamo a Roma ne traggo giovamento a livello umano. Con Pessotto ho condiviso gli anni dei successi bianconeri, siamo amici anche nella vita. Nella Juve di oggi, i rapporti più forti ce li ho con Buffon e Chiellini. Mi piacerebbe avere in squadra Thiago Silva (anche se so che non arriverà mai).

C'è una partita o una vittoria che l'ha emozionata in modo particolare?

Ricorderò sempre la notte di Bilbao, quando vincemmo il primo trofeo, la coppa Uefa. Io ero in curva, eravamo pochissimi, tutto lo stadio era una bolgia spagnola, fu una partita storica, la difesa pazzesca con Zoff in porta. Però è chiaro che vincere la Coppa Campioni è stato bellissimo. Mi ricordo di quando c'era la Coppa Intercontinentale, ero in diretta con i "Fatti vostri": mi feci mettere un televisore lontano e ad un certo punto ci fu il gol di Del Piero. Io stavo trattando un caso drammatico e devo dire che ho fatto molta fatica a trattenere la gioia.

Tutti ne parlano, dando magari delle interpretazioni soggettive, ma cos'è per lei lo "Stile Juve"?

Lo stile Juve, che forse è mutato negli anni, per me era l'Avvocato, mai una parola di troppo, fuori luogo, molta ironia e molta classe. Era la coppia Boniperti e Agnelli che suggeriva questo stile. Io mi ricordo che Agnelli, appena perdeva lo scudetto, chiamava il Presidente che lo aveva vinto.

La Juventus ha fatto un grande investimento, costruendo il nuovo stadio. Crede che Andrea Agnelli abbia gettato le basi per un nuovo ciclo bianconero e del calcio italiano in generale?

Andrea Agnelli innanzitutto è un uomo che è cresciuto all'ombra di un padre meno famoso rispetto all'Avvocato, ma che era importantissimo, in realtà, una persona che fece alla Juve un grande lavoro. Andrea è una persona di una umiltà straordinaria, conosce tutti, dal magazziniere al direttore generale, tratta tutti allo stesso modo, cosa rara; in più è tifoso nell'anima, per lui la Juve è una cosa da difendere, da custodire e da tutelare, è l'uomo che ha dato la svolta, anche scegliendo Antonio Conte.

Antonio Conte, da capitano ad allenatore, crede che sia lui il vero valore aggiunto della Juve di quest'anno?

Conte lo conosco da tanti anni, per me è sempre stato lui il Capitano, combatteva a centrocampo, mi identificavo in lui, era un lottatore ma usava e usa molto la testa. Aver riportato la Juve lì dove gli compete, lo può fare solo una persona intelligente, che è anche in grado di cambiare durante la partita uno schema, a seconda di chi incontra. Non è un integralista, lui è uno che ha vinto e solo chi vince può trasmettere la mentalità vincente agli altri, però è uno che fa giocare bene la squadra. Conte non è solo la grinta, è l'uomo che fa giocare la squadra per vincere.

Se dovesse definire la Juventus con un aggettivo quale userebbe?

La Juventus è un simbolo vincente.

Nel cuore della Juve con

Franco Leonetti

Giornalista e scrittore nonché vicedirettore della trasmissione Forza Juve.

“La passione per i nostri colori gloriosi richiama la mia primissima infanzia, quando mio padre mi inoculò entusiasmo e attaccamento per le casacche bianconere.

Osservarle in tv, alla Domenica Sportiva la sera della domenica, fu il primo abbrivio di un amore scoccante, ma il tripudio lo sentii esplodere dentro sin dalla prima volta che venni accompagnato sugli spalti del Comunale. Il prato verde smeraldo scintillante, le maglie bianconere che sembravano in rilievo su quella cornice festante, i dribbling estasianti di Causio, le magie di Anastasi, le ringhiose dragate mediane di Furino, le acrobazie vincenti di Bettega, e la rete che si gonfiava inesorabilmente regalando gioie vere ai tifosi raggianti.

Sono trascorse quattro decadi di passione intensa, viscerale, vigorosa, esaltate dallo spirito vivido che porta in sé questa nostra leggenda nata su quella panchina di Corso Re Umberto a Torino, oltre un secolo fa. Un legame indissolubile, coriaceo, senza tempo, che rinnova la “nascita” del 1° novembre 1897, incarnato da un sentimento più forte delle vittorie e delle sconfitte, delle celebrazioni piuttosto che delle cocenti delusioni patite nel tempo.

La Juventus rappresenta un dogma, un credo indiscutibile, una lucente realtà inoppugnabile del calcio italiano e, a seconda del gioco delle parti, o la si ama o la si odia, sportivamente parlando...

Chi sta dall’altra parte non ha idea di cosa si sia perduto e di cosa si priverà.

La Juventus rimarrà sempre la stella più fulgida per chi ama il gioco del calcio, un club vincente, prestigioso, la storia di un’emozione infinita.

Quella di milioni di tifosi e simpatizzanti con il cuore ricolmo d’orgoglio e d’affetto smisurato per le strisce verticali bianche e nere della nostra inimitabile maglia.

Grazie d’esistere, Juve!”

Nel cuore della Juve con

Massimo Pavan

Giornalista sportivo. Vice direttore di Tuttojuve.com

Com'è nata la sua passione per la Juve?

La passione bianconera è qualcosa che nasce dentro senza motivo. È qualcosa che senti tua quando vedi questi colori, è qualcosa che non ti lascia dormire quando perdi e che ti fa ribollire l'adrenalina quando vinci. La passione può nascere dalla famiglia, ma nel mio caso no, perchè mio padre è milanista. Nasce a 5 anni vedendo Platini, chissà come mai, fui stregato....

Da quanti anni segue la Vecchia Signora anche professionalmente?

La Juve la seguo da sempre, day by day giornalisticamente dal 2009 con tuttojuve.com, prima dal 2001 con la mia tesi universitaria.

Ha un ricordo particolare che lo lega a questa squadra?

Se ti riferisci all'ultimo campionato, l'avvento di Antonio Conte e il pareggio di Napol. Sulla storia in generale, la notte di Roma e la Champions, perché non mi era mai capitato di piangere di gioia per una partita.

Ha una Juventus a cui è più' affezionato (per esempio, la Juve di Lippi, Capello ecc) e perché?

Sono affezionato alla squadra di Lippi perchè giocare tutte quelle finali consecutive è qualcosa di impossibile proprio come sono legato a Conte perchè ci ha trasmesso grandi emozioni dopo grosse delusioni. Questo è lo scudetto della juventinità, è lo scudetto che i tifosi sentono più loro in assoluto. È frutto di tante cose: del sacrificio, della lotta del sudore, ma anche dell'essere bianconeri dentro fino al midollo. È qualcosa che non si può descrivere talmente è bello e forte. Le emozioni della serata di Trieste, dalla stagione sono state tante e crescenti fino all'esplosione dell'ultima partita. Abbiamo accompagnato la Juventus in B, nella peggiore stagione della Juventus in serie A e lo abbiamo fatto consapevoli che sempre saremmo stati a testa alta. Abbiamo lottato per la verità su FARSOPOLI e continueremo a farlo con coerenza, forza e decisione. Lo scudetto di questa stagione ci ripaga di tanti anni tristi, di delusione, di sofferenze atroci per chi sapeva che quello che stava subendo era ingiusto. Parleremo di terza stella perché la storia ci impone questo e lo faremo come sempre con i toni decisi di chi sa quello che sta dicendo.

Negli ultimi anni la Juventus ha ricevuto attacchi e critiche da carta stampata e mass media in generale. C'è una cosa che le ha dato molto fastidio? Che ha ritenuto eccessiva?

Beh eccessivo è stato voler affondare il calcio italiano e colpire la Juve per affondarlo. Mi ha dato fastidio vincere un mondiale e non poter gioire perché la Federazione ci aveva appena mandato in B.

Come definisce i tifosi juventini?

Unici, passionali e dal 2006 piccoli giuristi in erba.

Direttore, cosa si augura per il futuro bianconero?

Che prima o poi ci sia giustizia e non dover ogni giorno scrivere la rubrica "tastiera velenosa" per difendere la Juventus da chi l'attacca, basterebbe anche una volta a settimana o meglio una volta al mese.

Nel cuore della Juve con

Max Pisu

Attore, cabarettista e personaggio televisivo italiano. Grande tifoso Juventino

Com'è nata la sua passione per la Juventus?

La mia passione per la Juve è nata grazie a mio zio che era juventino e mi ha insegnato ad amare i colori bianconeri. Tra l'altro dove abitavo io eravamo 3 ragazzini, uno interista, uno milanista e io juventino, il più fortunato insomma.

Qual'è il suo idolo nella Juventus

L'idolo che ho sempre avuto è stato Bettega, quando ero piccolo giocavo a calcio e cercavo di imitarlo, era il mio modello, poi c'è anche Del Piero, la nostra bandiera.

Cosa ne pensa della Juventus di Antonio Conte?

È bello vedere che la Juve ha ritrovato la sua grinta e personalità, quella che l'ha sempre contraddistinta dalle altre squadre. Antonio Conte è stato bravo a trasmettere questa cosa, perché la sua Juventus, la squadra di Lippi, non mollava mai, aveva molto carattere.

Qual è la vittoria che ricorda maggiormente?

La vittoria che ricordo maggiormente è stata nel 1997, Milan-Juve 1 a 6, è stato bellissimo.

Un aggettivo per definire la Juventus?

Se dovessi definire la Juventus con un aggettivo, userei: INDOMABILE!

Nel cuore della Juve con

David Pratelli

Imitatore e cabarettista italiano. Grande tifoso Juventino

Come e quando è nata la sua passione per la Juventus?

La mia passione per la Juventus è nata negli anni 70, quando avevo 8 o 9 anni. Io, dopo i mondiali del '78, ero diventato un fanatico di Bettega, mi piaceva tantissimo. Avendo visto che giocava nella Juventus ho iniziato a tifare per questa squadra. Poi la Juve mi piace tanto anche come società, apprezzavo lo stile di Agnelli e di Trapattoni che a quell'epoca era l'allenatore della squadra bianconera. Insomma a 9 anni, quando si comincia a capire un po' la vita, io vedevo nella Juventus, in Agnelli, in Boniperti e in Trapattoni questa eleganza, questa semplicità, questo stile unico. Diciamo che però è stato Bettega a farmi innamorare della Juventus.

Qual è la partita che ricorda di più?

Una partita che mi sta particolarmente a cuore e che ho vissuto in curva al Delle Alpi è stata Juventus-Fiorentina, 3-2, in cui vi fu un grande goal di Del Piero. Era la stagione 1994-95 e credo che questa partita sia stata l'inizio di una Juve poi vincente, la Juventus di Lippi.

Qual è stato il giocatore che l'ha esaltata di più nella storia della Juventus?

Il primo in assoluto è stato Bettega, poi Jürgen Kohler, il centrale tedesco che nella Juve ha vinto uno scudetto e la Coppa Uefa. Poi mi sono piaciuti altri giocatori spettacolari come Zidane, Del Piero, Baggio, però diciamo che i miei idoli per eccellenza sono i primi due.

Cos'è per lei lo stile Juve?

Lo stile Juve è avere quell'eleganza, quella pacatezza, quel modo di fare e quel principio etico che è sempre stato al centro dell'universo Juventus. Mai essere scomposti, cercare sempre con signorilità di accettare le sconfitte e di gioire nella giusta misura quando si vince, senza essere troppo fanatici quando si vince tanto, né avere la presunzione e quell'arroganza dei vincitori, ma essere sempre eleganti e pacati nell'esprimere opinioni e giudizi nei confronti di tutto e di tutti. Quando si parla di Agnelli, di Boniperti, di Trapattoni, si parla inevitabilmente di stile Juve, poiché loro sono stati i primi a portare nel calcio quel modo di fare.

Che impressioni ha sulla nuova Juve attuale? Le piace?

Mi piace molto questa Juventus, è certamente una Juventus spettacolare che gioca il miglior calcio in Italia e speriamo che questo tipo di gioco possa durare negli anni. Nel gioco questa Juve mi ricorda un po' la Juventus di Ancelotti, Zidane, che non riuscì a vincere ma giocò comunque molto bene. È una Juventus che mi fa ben sperare e credo che con questi giocatori, con questo allenatore - perché Conte per me ha fatto un grandissimo lavoro di gruppo, di squadra – arriveranno sicuramente dei buoni risultati.

Lei è uno dei più grandi imitatori italiani e ha fatto l'imitazione di quasi tutti gli allenatori della Juventus degli ultimi anni (Capello, Lippi, Trapattoni, Ancelotti, Ranieri e Del Neri), il prossimo sarà Conte?

Conte... se mi dessero la possibilità potrei provare a farlo, certo, non mi è così immediato come poteva essere un Lippi, un Capello, un Del Neri o un Ranieri però se mi dessero la possibilità in televisione di poterlo fare potrei provarci. Per esempio Del Neri o Ranieri sono due personaggi che io non pensavo nemmeno di imitare, poi, quando sono diventati allenatori della Juventus, mi sono entrati dentro e sono riuscito ad imitarli e avere anche un buon successo. Quest'anno, non facendo trasmissioni sportive, ho lasciato un po' in standby l'imitazione degli allenatori, però mi sarebbe piaciuto riproporre Conte quella volta quando fece un po' quella polemica a Parma sul rinvio della partita. Diceva che non c'era serenità, con quella voce un po' rauca ... ecco questo poteva essere un tormentone, però chissà magari in futuro... io spero che Conte rimanga allenatore della Juve per i prossimi anni perché sta facendo un grande lavoro. Se dovessi rifare una trasmissione sportiva, perché no, ci penserò sul fatto di imitarlo.

Nel cuore della Juve con

Massimo Zampini

Avvocato, opinionista, conduttore della trasmissione di Radio Radio, "Il Bianco e il Nero"

La passione per la Juve nasce con il Mondiale '82, vinto dagli uomini di Trap... ehm, di Bearzot. C'erano pure un paio di giocatori provenienti di altre squadre, in effetti. Rossi, Tardelli, Scirea, Cabrini, Zoff... impossibile non innamorarsene. Poi, certo, ha influito anche avere un padre juventino, un fratello juventino e una madre che preferiva evitare ad ogni costo future lotte intestine, invitandomi a scegliere la squadra giusta (quanta lungimiranza...).
Le prime volte allo stadio sono state a Roma, quando veniva la Juve. Ne ricordo una, non proprio felicissima, in un famoso 3-0 della Roma di Pruzzo e Cerezo. Stadio tutto giallorosso, Pruzzo che si leva la maglia... un incubo. Poi è arrivato Roma-Lecce a rimettere tutto a posto. Loro sicuri di avere già vinto, e quindi perdono: un classico, da quelle parti. Il giocatore per eccellenza, ai tempi, era Platini. Classe, eleganza, gol, assist, e soprattutto quel gomito appoggiato sul prato di Tokyo, dopo il più assurdo annullamento di un gol che il calcio ricordi (altro che Muntari...).
La partita più emozionante, la gioia più grande, è inevitabilmente una: la Juventus che viene a Roma, a casa mia, a diventare campione d'Europa. Una partita fantastica, l'Olimpico bianconero, la festa di un popolo. Di più, calcisticamente parlando, non avrei potuto avere. Ricordo il terrore dei rigori, sicuro di perderli. E invece no, tutti gol, mentre Peruzzi gliene para un paio. Delirio. I love football, no?
E poi il trionfo della Juve di Conte, quando ormai pensavo che avremmo dovuto aspettare una vita. Inaspettato, intenso, strameritato. Con il solito stile, senza la rabbia che riguarda solo gli altri, che anche quando vincono pensano a noi per

urlare che vincono senza rubare. Che poi va beh, si è scoperto qualcosa di diverso, ma in fondo non importa, lo sapevamo già. Sappiamo l'ingiustizia subita, sappiamo chi e quanto ne abbia beneficiato, sappiamo cosa abbiamo passato. Sappiamo che siamo tornati. Ma niente, non abbiamo rabbia, pensiamo solo a noi. Siamo abituati così, non è colpa nostra. Siamo tornati. E il divertimento, ahi loro, è già finito.

Nel cuore della Juve con

Leonardo Zani

Direttore Creativo dell'area Sit Com Mediaset. Produttore di giovani band.

Com'è nata la sua passione per la Juventus?

È nata quando avevo l'età di sei anni, andai allo stadio, a Milano per la prima volta, a vedere Inter-Juventus. Fu una grande emozione, da quel giorno sono diventato tifoso della Vecchia Signora.

Com'è nata l'idea di scrivere un inno per la Vecchia Signora?

Io sono un produttore di band, è nata per caso, ho voluto unire due mie passioni, l'amore per la musica e quello per la Juve, ed è nato questo inno.

Qual è il ricordo più bello, che la lega alla Juventus?

Senza dubbio il mio ricordo più bello è quando nel '96 abbiamo vinto la Champions, ricordo che arrivai proprio al fischio iniziale, fu una serata memorabile, bellissima, non la dimenticherò mai.

A quale giocatore è particolarmente legato?

A Del Piero, per quello che ha rappresentato e per il giocatore che è, sicuramente quando è andato via è stato un colpo al cuore, non mi sono piaciuti molto i modi con cui è stato divulgato il sicuro addio di Alex. Ha fatto bene a lasciare, è giusto così, ha concluso la sua esperienza alla Juventus nel miglior modo possibile, con una vittoria.

A tal proposito la Juventus di Conte quanto le è piaciuta?

Tantissimo, è stata spettacolare, a tratti commovente, era dai tempi della Juventus di Lippi che non la vedevo giocare così bene.

Leonardo Zani, insieme agli ZeBrOs hanno scritto "*C'è la Juve*", un inno per la Juventus.
Qui di seguito, vi riportiamo il testo completo:

Sono nato il 29 maggio dell'85
La data dell'Heysel
Non un giorno qualunque
Ed oggi qui mio padre mi avrebbe accompagnato
Ma il tifo da lassù
Accanto a Umberto e all'Avvocato
Lo so non puoi capre
Che cosa mi succede
Quando entrano nel campo
Undici maglie bianconere
È come se intorno non ci fosse più niente
La Juve è l'unica cosa importante
E mi prendono in giro
Che organizzo la vita
In base all'orario
In cui comincia la partita
Ma se dobbiamo in qualche posto lo sai
Controlla almeno bene ci sia Mediaset o Sky

Perché c'è la Juve
C'è la Juve
C'è la Juve
C'è la Juve adesso si ferma tutto
Lingua fuori e standing ovation

Io ero bianconero
Già da Platini
E mi dicevano "peccato
Ti sei perso Sivori"
Ma so che ho sempre avuto
Un solo capitano
Che non mi ha mai tradito
Alessandro Ti amo
Il mondo io lo vedo tutti i giorni in bianco e nero
E prendo Tuttosport
Appena ho in tasca un euro
Ricordo quando si pagava ancora con le lire
Ma la prima trasferta l'ho pagata col sudore
Hanno provato in mille modi a farci fuori
C'è un Boemo che beve poi parla di Doping
E abbiamo visto gente con gli smoking bianchi
Perfetti come i loro passaporti
Ascoltavano Moggi con la Telecom
E non intercettavano il Brindellon
Ci hanno fatto fuori
Alterando i fatti
Ma credi è meglio retrocessi
Che prescritti

C'è la Juve
C'è la Juve
C'è la Juve
C'è la Juve adesso, si ferma tutto
Lingua fuori e standing ovation

E quello che voglio sono undici leoni
Come Pavel Nedved
Cuore e polmoni
Qui c'è gente che a Bari
Ha pianto con Del Piero
Che dopo aver segnato
Ha indicato il cielo
E ho migliaia di foto sul mio computer
Ho ancora Trezeguet sul monitor
Come wallpaper
E mi ricordo le stagioni brutte
E non mi scordo
Purtroppo Poulsen
Ho visto di tutto passare di qua
Siamo sopravvissuti anche a Secco e Blanc
Ma quante gioie
Ognuno c'ha le sue
La mia è il 5 maggio del 2002

C'è la Juve...

FRASI SULLA JUVENTUS

"Alla Juve si acquisisce un'abitudine mentale di sacrificio che non c'è da altre parti. Alla Juve ti insegnano che la partita più importante è sempre quella che deve venire. Alla Juve ti insegnano ad avere sempre «fame» di vittorie, a non accontentarti mai."
Claudio Gentile

"A parte quello che ho vinto, essere stato alla Juventus è un'esperienza che ti rimane dentro, diventa stile di vita."
Stefano Tacconi

"Per me Juventus vuol dire storia del calcio. Una storia fatta da squadre indimenticabili e da giocatori che con il loro agonismo e la loro genialità hanno scritto alcune delle pagine più belle e importanti nel libro del calcio mondiale. Juventus vuoi dire cultura e stile che distinguono i dirigenti, gli allenatori e i giocatori juventini. Infine, Juventus vuoi dire passione e amore: la passione che unisce i milioni di tifosi in tutta Italia, in tutto il mondo; l'amore per la maglia bianconera che esplode nei momenti di trionfo e non diminuisce in periodi meno felici."
Michel Platini

"La Juve è qualcosa di più di una squadra, non so dire cosa, ma sono orgoglioso di farne parte."
Gaetano Scirea

"Giocare nella Juventus significa non accontentarsi mai. Vinto lo scudetto? Bene, c'è la Champions. Vinta la Champions? Bene, c'è l'Intercontinentale. Vinta l'Intercontinentale? Bene, c'è da rivincere lo scudetto. C'è sempre poco tempo per festeggiare."
Marcello Lippi

"Con la Juventus ho imparato a vincere. Non so come è successo, è qualcosa che si respira nell'aria dello spogliatoio, sono concetti che vengono tramandati da giocatore in giocatore, è il sentimento che ti trasmettono milioni di tifosi e non c'è club nel mondo che ti faccia lo stesso effetto."
Edgar Davids

"La Juve è la Juve, deve stare sempre in alto."
Fabio Capello

"La Juventus è stata una delle ragioni della mia vita. Amo questa squadra, questa società e questi colori."
Roberto Bettega

"La Juventus è un po' nel mio DNA, quindi la conosco bene. È come un drago a sette teste, gliene tagli una ma ne spunta sempre un'altra. "
Giovanni Trapattoni

"La Juventus non deve temere nessuno, devono essere gli avversari a temerla. Lo impone il nome, il peso della maglia bianconera non ha eguali nel mondo."
Stefano Tacconi

"La mentalità vincente l'ho imparata alla Juve. Soltanto lì ho capito che vincere era un obbligo, fare parte di uno dei più grandi club del mondo ti pone l'imperativo del risultato. Quando perdevamo, era un dramma. Il calcio è semplice: quando lo si pratica ad alto livello, ogni tre giorni c'è una nuova partita. E questo ti fa scendere in fretta con i piedi per terra dopo una vittoria. E quando perdi, sei obbligato a lavorare più duramente."
Zinedine Zidane

"Perché la Juventus, dopo già un secolo di storia, è diventata una leggenda. Una leggenda che è sorta in un liceo di Torino e che ha finito per conquistare nove, dieci milioni di tifosi in Italia e, certo, altrettanti all'estero con un nome, una maglia e dei colori conosciuti in tutto il mondo."
Gianni Agnelli

"Alla Juventus vincere non è importante. È l'unica cosa che conta."
Giampiero Boniperti

"La Juve, il sogno della mia vita. La sognavo davvero. Perché io, che portavo all'occhiello il distintivo bianconero, avevo in quegli anni un solo desiderio: giocare una partita di serie A con la maglia bianconera. Me ne sarebbe bastata una, ero sicuro, per essere felice per sempre. È andata meglio: in campionato ne ho giocate 444. Ho fatto la mia parte senza sacrifici. Perché ho dato quello che avevo dentro. Sono un uomo felice."
Giampiero Boniperti

"La Juve è una fede che continua a essermi appiccicata addosso. Sono da compatire quelli che tifano per altri colori, perché hanno scelto di soffrire. Sembrava una battuta, invece lo pensavo e lo penso tutt'ora."
Giampiero Boniperti

"La Juventus non ha amici. O la si ama o la si odia, questo è fuori dubbio."
Antonio Conte

"La Nazionale e la Juventus sono state due grandi storie d'amore nella mia vita di allenatore."
Marcello Lippi
"La voglia di lottare che aveva la nostra squadra era qualcosa di diverso e inimitabile. E arrivava immediatamente dopo aver vestito quella maglia: era come se infondesse coraggio, grinta e un unico desiderio: superare l'avversario."
Didier Deschamps

“Qui bisogna lottare sempre e quando sembra che tutto sia perduto, crederci ancora, la Juve non si arrende mai “
Omar Sivori

“Oggi è il momento di ringraziare il nostro pubblico, i nostri tifosi, la gente della Juve. È il momento di ringraziare i ragazzi, i giovani, tutti quelli che non hanno mai smesso di credere nello sport e di credere in noi. Grazie a chi ha corso e non si è mai fermato, anche nei momenti più incerti e di fronte alle sfide più difficili. Ce l’abbiamo fatta. Tutti insieme. E allora grazie, per averci creduto e per non averci lasciati soli. Grazie per aver ricordato, in ogni momento, Alessio e Riccardo, che sentiamo con noi anche oggi. Oggi si chiude questa stagione e siamo pronti per ricominciare. Perché noi siamo, e saremo sempre, la Juve. Grazie a tutti.”
Alessandro Del Piero

“Possono cambiare gli uomini, possono cambiare i dirigenti, però quello che ha di forte questa società sono i giocatori cui è stata tramandata una voglia di vincere, di primeggiare, che non è pari in nessuna altra squadra.”
Gianluigi Buffon

“Sono diventato juventino il primo giorno che sono arrivato a Torino, quando mi sono reso conto quanto la Juventus fosse odiata dal resto delle tifoserie d’Italia. Il loro odio io l’ho trasformato in amore per la Juventus. Contro tutto e tutti. Quella maglia era una corazza.“
Paolo Montero

“Non sono solo un tifoso, mi sento un suo amante. Con la Juve sono cresciuto, lì ho passato gli anni più belli della mia vita. Ho dato il meglio di me e a volte, con grande incoscienza, sono anche andato oltre.”
Antonio Cabrini

MOMENTI CELEBRATIVI

1897, anno di nascita della Juventus F.C.

La Juventus F.C. nasce nell'autunno del 1897, grazie all'idea di un gruppo di studenti torinesi, con lo scopo primario di giocare a pallone e soprattutto di far divertire. La squadra bianconera esordisce nel campionato italiano con una divisa di colore rosa con cravattino nero. Fu soltanto nel 1903 in seguito ad una spedizione di un socio juventino a Nottingham, che la Vecchia Signora riceve dalla squadra locale inglese, il Notts County, le divise a strisce bianconere.

Inaugurazione Juventus Stadium, 8 Settembre 2011.

8 Settembre 2011, una data che i tifosi juventini non scorderanno mai. Tutta la storia della Vecchia Signora, in una sola sera. Già, perché dopo alcuni anni, il nuovo museo del calcio italiano, lo Juventus Stadium, si è tolto il velo, per mostrarsi in tutto il suo splendore. Uno show, una grande festa alla quale non è mancato nessuno, a partire dagli stessi tifosi, fino ad arrivare all'attuale presidente Andrea Agnelli, ai giocatori di oggi, alle vecchie glorie, e anche a chi non c'è più, come Gianni e Umberto Agnelli, gli angeli dell'Heysel, e Ricky e Alex. Lacrime e sorrisi, tutto in una sera, tutto nella nuova casa della Juventus.

Momenti di gloria 2011-2012.

Dopo aver vinto per 3-1 contro l'Atalanta, ultima partita del campionato 2011/12, nella splendida cornice dello Juventus Stadium, la Juventus torna ad essere, dopo tanti anni, Campione d'Italia. La squadra di Antonio Conte raggiunge il record d'imbattibilità, disputando 38 gare, senza perderne nessuna. Inoltre, c'è un altro dato importante per i bianconeri: ad andare in rete, durante l'anno sono stati 20 giocatori della rosa, insomma, una vera e propria macchina da goal.

Kit celebrativo scudetto 2011-2012.

Il kit celebrativo dello scudetto 2011-2012 comprende: la maglietta indossata dagli stessi calciatori durante i festeggiamenti sulla quale troviamo la scritta "JUVENTUS CAMPIONE D'ITALIA 2011/2012"; la medaglia conferita a giocatori e allenatore della Juventus; e, infine, il pallone utilizzato dalla squadra bianconera durante l'ultima partita di campionato giocata allo stadio " Nereo Rocco" di Trieste, nella quale la Vecchia Signora si è proclamata Campione d'Italia.

RINGRAZIAMENTI

Gianni Balzarini, per la sua prefazione e per la sua preziosa disponibilità.

Salvatore Giglio, per averci fornito le sue preziose fotografie, da sempre archivio della storia della Juventus.

Le nostre famiglie, per il sostegno.

Tutti coloro che hanno permesso la nascita di questo libro-intervista:

Allenatori e calciatori: Dino Zoff, Paolo Rossi, Marcello Lippi, Stefano Tacconi, Moreno Torricelli, Michele Padovano, Angelo Di Livio, Nicola Legrottaglie, Giorgio Chiellini, Claudio Marchisio, Alessandro Matri, Simone Pepe.

Si ringrazia inoltre: Stefano Adamo, Paolo Belli, Roberto Buonfiglio, Fabrizio Canobio, Stefania Camilla Caretto, Daniele Conte, Francesco Cherchi, Francesco Ceccotti, Nicola De Bonis, Marco Dejana (Dj Nanà), Giampiero Filella, Fabio Germani, Massimo Giletti, Gaetano Mocciaro, Claudio La Mattina, Franco Leonetti, Massimo Pavan, Max Pisu, David Pratelli, Carlo Sabatini, Vittorio Scantamburlo, Davide Terruzzi, Massimo Zampini, Leo Zani.

Le società di calcio: Juventina Lecce, Padova Calcio e la Juventus Football Club (in particolar modo, l'ufficio stampa: Claudio Albanese e Luca Casassa).